中学生数学文化丛书

# 数学与天文

SHUXUE YU TIANWEN

丛书主编 谢明初　本册编著 黄 健 梁素明

华东师范大学出版社
·上海·

图书在版编目(CIP)数据

数学与天文/黄健,梁素明编著. —上海:华东师范大学出版社,2020
(中学生数学文化丛书)
ISBN 978-7-5760-0826-5

Ⅰ.①数… Ⅱ.①黄…②梁… Ⅲ.①中学数学课-教学参考资料 Ⅳ.①G634.603

中国版本图书馆 CIP 数据核字(2020)第 164840 号

中学生数学文化丛书
## 数学与天文
SHUXUE YU TIANWEN

| 丛书主编 | 谢明初 |
| --- | --- |
| 本册编著 | 黄 健　梁素明 |
| 策划编辑 | 李文革 |
| 项目编辑 | 平 萍 |
| 责任编辑 | 高 烨 |
| 责任校对 | 朱玉媛　时东明 |
| 装帧设计 | 刘怡霖 |

| 出版发行 | 华东师范大学出版社 |
| --- | --- |
| 社　　址 | 上海市中山北路 3663 号　邮编 200062 |
| 网　　址 | www.ecnupress.com.cn |
| 电　　话 | 021-60821666　行政传真 021-62572105 |
| 客服电话 | 021-62865537　门市(邮购)电话 021-62869887 |
| 地　　址 | 上海市中山北路 3663 号华东师范大学校内先锋路口 |
| 网　　店 | http://hdsdcbs.tmall.com |

| 印 刷 者 | 上海展强印刷有限公司 |
| --- | --- |
| 开　　本 | 787 毫米×1092 毫米　16 开 |
| 印　　张 | 9 |
| 字　　数 | 136 千字 |
| 版　　次 | 2020 年 12 月第 1 版 |
| 印　　次 | 2023 年 8 月第 7 次 |
| 书　　号 | ISBN 978-7-5760-0826-5 |
| 定　　价 | 27.00 元 |

出 版 人　王 焰

(如发现本版图书有印订质量问题,请寄回本社客服中心调换或电话 021-62865537 联系)

# 中学生数学文化丛书

## 学术顾问

郑毓信　王尚志　史宁中　曾　峥
宋乃庆　曹一鸣　王光明

## 编委会

**主　任**　沈文淮
**委　员**　冯伟贞　吴　康　何小亚
　　　　　　吴有昌　夏小刚　李文革

# 总　序

谈到数学，一般公众可能会有更多的陌生感和畏惧心理。因为现代数学的发展，已经远离了普通人的生活视野和经验，变得越来越抽象。如果不从人类文化的高度来认识这个问题，很难激发起人们的兴趣。

数学是一种文化，近年来越来越为人们所认识。20世纪初的数学曾经存在着脱离社会文化的孤立主义倾向，并一直影响到今天。数学的过度形式化，使人们误认为数学只是少数天才脑子里想象出来的"自由创造物"，数学的发展无需社会的推动，其真理性无需实践的检验，当然，数学的进步也无需人类文化的哺育。于是，西方的数学哲学界有了"经验主义的复兴"。怀特（White）的数学文化论力图把数学回归到文化层面，哈蒙德（Hammond）把数学称为"看不见的文化"，怀尔德（Wilder）把数学看成是一个文化体系。在中国，孙小礼、邓东皋从自然辩证法的角度研究数学的文化意义。齐民友主要从非欧几何产生的历史阐述数学的文化价值，特别指出了数学思维的文化意义。郑毓信用社会建构主义的哲学观解释数学文化，强调"数学共同体"产生的文化效应。

这些研究，都力图把数学从单纯的逻辑演绎推理的圈子中解放出来，重点是分析数学文明史，充分揭示数学的文化内涵，肯定数学作为文化存在的价值。进入21世纪之后，数学文化的研究更加深入。一个重要的标志是数学文化走进中小学课堂，渗入实际数学教学，努力使学生在数学学习过程中真正受到文化感染，产生文化共鸣，体会数学的文化品位，体察社会文化和数学文化之间的互动。

《普通高中数学课程标准（2017年版）》指出，通过高中阶段数学文化的学习，要使学生了解数学科学与人类社会发展之间的相互作用，体会数学的科学价值、应用价值、人文价值,从而提高自身的文化素养和创新意识。在《普通高中数学课程标准(2017年版)》中,数学文化还被列为单独的板块,以示给予特别的重视。教育部考试中心颁布了《关于2017年普通高考考试大纲修订内容的通知》,特别提出要关注数学文化。

半个多世纪以前,著名数学家柯朗(Richard Courant)在名著《数学是什么》的序言中这样写道:"今天,数学教育的传统地位陷入严重的危机。数学教学有时竟变成一种空洞的解题训练。数学研究已出现一种过分专门化和过于强调抽象的趋势,而忽视了数学的应用以及与其他领域的联系。数学教师和一般受过教育的人都要求对数学有一个建设性的改造,其目的是要使学生真正理解数学是一个有机整体,是科学思考与行动的基础。"

2019年7月12日,科技部、教育部、中科院、自然科学基金委联合颁布了《关于加强数学科学研究工作方案》,方案中指出要持续稳定支持基础数学科学,其中特别提到,要支持高校和科研院所建设基础数学中心。基础数学中心围绕数学学科重大前沿问题开展基础研究,稳定支持一批高水平科研人员潜心探索,争取重大原创性突破;进行数学科普和数学文化建设,与1~2所数学教育有特色的中学建立对口交流联系机制,采取数学家科普授课、优秀中学生参与实习、导师制培养方式进行挂钩指导和支持,培养优秀数学后备人才。

从以上的分析不难看出:如何在基础教育中普及数学文化、渗透数学文化成了近年来数学教育研究中的热点问题。

基于这样的背景,我们试图编写一套中学生数学文化科普丛书。

由于应试教育,市面上充斥着大量的解题训练和教辅书籍,鲜有针对性强、旨在扩大学生的数学视野和培养学生的数学兴趣、适合中学生阅读的数学文化著作。这从一定意义上限制了优秀中学生的数学兴趣和爱好的发展,也不利于数学教育从应试教育向素质教育转变。这套中学生数学文化科普丛书的出版,是对国家数学课程标准规定的数学内容的有益补充,有助于中学数学文化课程建设,有助于数学优等生拓宽数学视野、进一步了解数学与其他学科的联系、更好地理解数学的应用价值和社会价值,也有利于促进数学在公众中的传播,消除学生学习数学的障碍,改变数学在人们心目中的形象。丛书主要作为优秀中学生数学课外读物,也可以供中学数学教师和教研人员研究数学文化、开发中学数学文化课程时参考使用,还可作为数学专业的大学生和数学爱好者阅读。

本丛书的主要内容:

首期包括《数学与天文》、《数学与绘画》、《数学与游戏》和《初等数学名题鉴赏》四本。丛书在介绍数学与天文、数学与绘画、数学与游戏之间的关系的基础上,力图使读者认识到数学起源于人类生活和社会实践,反过来又推动社会和人类文明的发展。通过对若干典型的初等数学名题的深入剖析,使读者不仅体会到数学具有智力价值、方法价值,而且具有文化价值和审美价值。这套丛书不刻意追求数学体系的完整性和严谨性,而是注重写作的生动性、内容的直观性和思维的启迪性,让读者意识到,数学起源于生活,又高于生活,对社会发展有强大推动作用。数学不仅服务于其他学科,而且它的精神、思想、方法又促进了其他学科的发展。如今数学已影响到人类生活的方方面面。

本丛书的特点:

结合现行《普通高中数学课程标准(2017年版)》和《义务教育数学课程标准(2011年版)》规定的中学数学内容,从国内外数学文献中选择那些能够拓宽学生的知识面,激发学生的数学学习兴趣,启发学生思考的数学史料、数学故事、数学应用、数学方法、数学进展等素材,经过作者的消化吸收、提炼加工、换位思考,用中学生所喜爱的表达方式撰写成数学科普作品。

本丛书的写作原则:

• 科学性　科学性是数学文化丛书的生命。描述和结论虽不需严谨如学术论文,但要经得起推敲。因此,术语和公式需适当使用,内容来源必须有所依据,个人的观点可作为一派提出,但不能作为绝对正确的观点。数学文化丛书担负着向大众普及数学文化、启迪数学思想的职责,更应保证科学性。失去科学性的数学科普作品也就失去了存在的价值。因此,对于数学文化丛书创作者而言,应尽力发掘自己的专业所长,从自己熟悉的领域开始,用全面发展的观点,把成熟的、切实可行的知识介绍给广大读者。

• **通俗性**　通俗性就是要用明白晓畅的文字介绍数学文化,使之生动、易懂。整个数学科普创作过程,实际上也就是专门知识通俗化的过程。这句话点明了数学科普创作的实质。不通俗地把数学文化表达出来,中学生理解不了,就起不到数学文化丛书的作用,这套丛书的写作也就失去了意义。数学文化丛书,要简明扼要、深入浅出、通俗易懂地写清楚数学的人和事,把数学内容同人们的实际生活和工作联系起来,就能达到通俗化的要求。

• **思想性**　数学文化是数学科学与社会生活之间的一座桥梁。它在向读者传授数学知识的同时,也宣传数学的世界观和方法论,使读者受到数学思想、数学精神、数学态度和数学品格的熏陶,以提高人们的数学素养和文化素质。因此,数学文化丛书要通过普及介绍数学知识,让人们深刻地理解数学的世界观和方法论,即唯物主义和辩证法,这就是科普作品思想性的体现。当然,科普创作的思想性是内在的和从作品中自然表现出来的,不是贴上一些政治标签或外加一些政治术语。

• **问题引领**　不追求数学知识的系统逻辑体系,通过生动有趣的具体数学问题,描述数学的思想、精神和方法,让中学生了解数学的科学价值、人文价值以及数学与其他科学及人类文明发展的关系,使读者在品味数学、欣赏数学的过程中受到数学文化的感染和熏陶。

本丛书的特色:

**可读性**　避开晦涩难懂的数学符号,以生活化语言描述抽象性的数学原理,便于读者阅读。

**趣味性**　以问题为中心,采用讲故事、提供背景的方式体现数学文化现象,力图让数学从纯逻辑的圈子里走出来。

**启发性**　不面面俱到介绍数学的应用,不追求高精尖的数学内容,而是选择若干典型的数学内容和历史上的典型事例去阐述数学的思想方法,让读者从中得到思维启迪和文化熏陶。

**融合性**　不就事论事,力求用高观念看问题,把数学史、数学哲学与数学文化融合起来。

本丛书不按数学的逻辑顺序呈现内容,而按人的认知规律呈现数学的思想方法,揭示数学的精神与方法。

　　华东师大出版社的相关编辑为丛书的出版付出了辛勤的劳动,广州科学技术协会提供了部分出版经费,对他们所做的贡献特表示感谢!

沈文淮

　　沈文淮:理学博士,二级教授,博士生导师。历任华南师范大学数学系副主任、数学科学学院院长、教务处处长。2011年1月起任华南师范大学副校长。1993年获国务院特殊津贴,1997年入选全国"百千万人才工程"第一、二层次人选。发表学术论文多篇,研究成果曾获广东省自然科学奖三等奖、二等奖和教育部科技进步奖(基础奖)三等奖。

# 前言

仰望星空之际，我们总是心生向往与遐想，那浩瀚、深邃又静谧的世界是如此神秘又让人敬畏。宇宙，自古以来就吸引着人们的注意。从地球到月亮，从太阳到银河系，从星系到黑洞，天文学家不断探索着宇宙最深处的奥秘。正如恩格斯在《自然辩证法》一书中指出的："天文学只有借助数学的帮助才能发展。"数学与天文有着密不可分的联系，本书正是通过数学研究天文，在天文中发现数学，尝试用初等数学勾画宇宙宏图，让读者身临其境地感受到"宇宙这本书是用数学语言写成的"。

本书由华南师范大学谢明初教授及其研究生团队编写，旨在为基础数学与天文学构建一座桥梁，让读者在天文学的大背景下领略数学妙用之美和数学文化之美，提升数学建模能力、空间想象能力和逻辑推理能力，同时培养理性精神和对数学学习的兴趣。

天文学无处不用到数学，本书选取部分天文学问题，用初等数学的方法进行剖析。从地球上的球面几何，到星体间的距离测定，再到星等中的代数问题，内容由近及远，方法由简到繁，从数学建模的角度探索天文现象背后的数学知识和思想方法。另外，书中也渗透了不少数学史与数学文化内容。本书旨在揭示数学与天文之间密不可分的联系，进而普及数学。希望读者能在本书中获取知识、凝练方法，激发灵感与想象力。

编者

# 目 录

## 第一章 地月系的初探

- 1.1 飞机为何不懂两点间线段最短?     1
- 1.2 如何测量地球的半径?     5
- 1.3 如何测量地球的质量?     8
- 1.4 太阳日和恒星日有什么区别?     10
- 1.5 月相、朔望月、闰月三者有什么关系?     15
- 1.6 为什么满月的时候不一定发生月食?     22
- 1.7 什么情况下能看到日食?     26

## 第二章 太阳系的奥秘

- 2.1 太阳离我们有多远?     32
- 2.2 测量天文距离的"尺子"有哪些?     36
- 2.3 什么是荧惑之星大冲?     41
- 2.4 谷神星与数学运算定律有什么关系?     44
- 2.5 海王星是如何被算出来的?     47

- 2.6 冥王星为什么被踢出"九大行星"? 53

## 第三章 宇宙定律的出现

- 3.1 开普勒如何为天空立法? 57
- 3.2 牛顿是怎么发现万有引力的? 63
- 3.3 何时能再见哈雷彗星? 68
- 3.4 三体问题有解吗? 75
- 3.5 恒星能燃烧多久? 81
- 3.6 夜空中哪颗星最亮? 86
- 3.7 更远的星系是怎么测距的? 93

## 第四章 数学天文是一家

- 4.1 世界上第一位科学家是谁? 99
- 4.2 谁最早提出地心说? 104
- 4.3 被地动仪"耽误"的天文学家 110
- 4.4 一位精通数学和天文学的出家人 113
- 4.5 古希腊天文学的集大成者 116
- 4.6 推翻地心说的天文学革命 121

**参考文献** 128

# 第一章 地月系的初探

## 1.1 飞机为何不懂两点间线段最短?

生活在北京的小明今年暑假去纽约度假了,到了纽约后发朋友圈说他乘坐的飞机经过了伊丽莎白女王群岛。你可能会感到非常疑惑:伊丽莎白女王群岛不是在北冰洋吗?从北京到纽约为什么不直接横跨太平洋,而要绕到北冰洋上去呢?我们打开世界地图,可以看到北京的纬度大约是北纬 $39°54'$,纽约的纬度则是北纬 $40°43'$,因为北京的纬度和纽约的纬度相近,几乎在一条"横线"上。那么问题来了,现在要从北京坐飞机到纽约,想找出这两座城市之间的最短航线,要怎么找呢?

你可能会想到两点之间线段最短,所以自然而然认为最短航线一定是北京和纽约两点连起来的线段,飞机应该穿越太平洋直接飞到纽约。或许有人会发现,地图上的"横线"其实都是曲线(如纬线),也就是说北京和纽约之间的最短航线应该是地图上北京和纽约所处的那条纬线的一段劣弧。

但是,很遗憾,我们都想错了,刚刚找出的这两条航线都不是最短的,北京到纽约的实际飞行航线如图 1.1.1 所示。当然,我们知道飞机航线一般都不是理论上的最短路线,因为要考虑天气、地形等众多因素,有时候不得不绕绕路。但从地图上看,北京到纽约的这条航线绕得也太长了,几乎是绕了一大圈才到达目的地的,它甚至都跨过了俄罗斯和加拿大,绕到北极去"观光"了一圈。这到底是为什么呢?

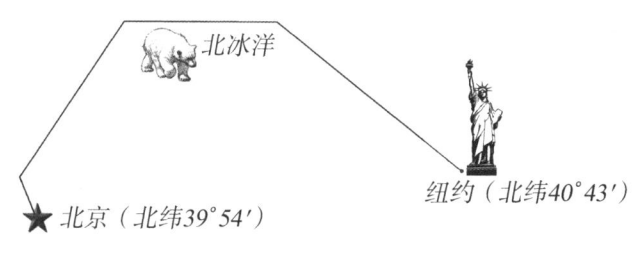

图 1.1.1 北京到纽约的实际飞行航线

我们先把问题简化,将地球近似看成一个球体,那么首先要回答的问题便是:为什么球面上处于同一纬度的两点之间的最短路径不在纬线圈上呢?

既然地球是球体,我们就不得不在三维空间内考虑这个问题了。在球面上,圆心与球心重合的圆称为大圆,如图 1.1.2 所示。其实在一个球面上,两点之间的最短路径是经过这两点的大圆劣弧。

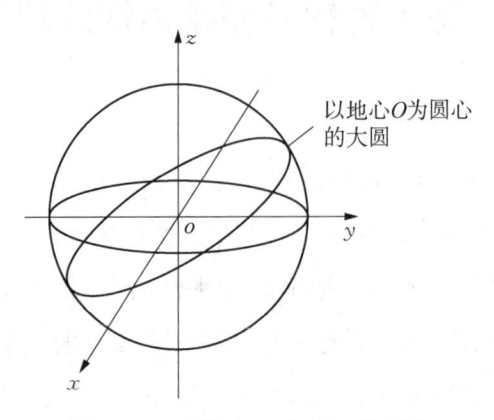

图 1.1.2 以地心 O 为圆心的大圆

我们先通过一个特例来看看两点之间的大圆劣弧是否真的比纬线劣弧短。下面,我们将分别计算球面上的两个港口沿纬线的航行路径长度和沿大圆的航行路径长度,并比较哪一条更短。

不妨假设存在这样的两个港口,它们都处于北纬 60°,它们之间的经度差为 60°。如图 1.1.3 所示,地心为点 $O$,点 $A$ 与点 $B$ 分别表示这两个港口。我们的问题可进一步明确为:图中 $A$、$B$ 之间的纬线劣弧和大圆劣弧,哪一条更短?

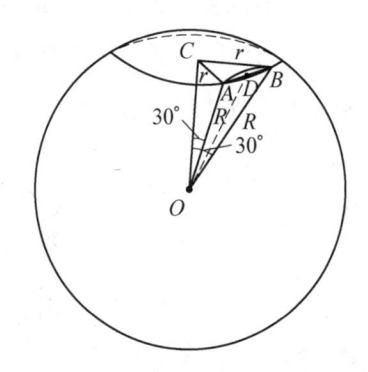

图 1.1.3 $A$、$B$ 之间的纬线劣弧与大圆劣弧的比较

$A$、$B$ 在同一纬线圈上,点 $C$ 为该纬线圈的圆心,$\angle ACB = 60°$。我们再以地心为圆心,经过点 $A$ 和点 $B$ 画一条大圆弧线,显然,半径 $OA = OB = R$。可以看出,这条大圆弧线跟纬线圈上的弧线非常接近,但它们并不重合,我们还可以算出每条弧线的长度。

我们先来计算经过点 $A$ 和点 $B$ 的纬线劣弧长度。纬线圈上的劣弧 $AB$ 的长度为纬线圈周长的 $\frac{60°}{360°} = \frac{1}{6}$;点 $A$ 和点 $B$ 都处于北纬 $60°$,半径 $OA$ 和 $OB$ 跟地轴 $OC$ 的夹角都是 $30°$,所以 $AC = \frac{1}{2} AO$,即 $r = \frac{R}{2}$,则 $2\pi r = \frac{2\pi R}{2}$,即纬线圈的周长是大圆周长的 $\frac{1}{2}$;已知大圆周长约为 40 000 千米(与赤道周长相等),故纬线圈上的劣弧 $AB$ 的长度为 $\frac{1}{6} \times \frac{40\ 000}{2} \approx 3\ 333$(千米)。

接下来我们计算经过点 $A$ 和点 $B$ 的大圆劣弧长度,在此之前我们需要算出 $\angle AOB$ 的大小。因为上述纬线圈上 $60°$ 的弧所对应的线段 $AB$ 正好是它内接正六边形的一条边,$AB = r = \frac{R}{2}$;连接点 $O$ 与线段 $AB$ 的中点 $D$,在 $\triangle AOB$ 中,$OA = OB$,故 $\triangle AOB$ 为等腰三角形,$OD$ 为 $\triangle AOB$ 中 $AB$ 边上的中线,根据三线合一,$OD$ 为 $AB$ 边上的高,$\angle ODA = 90°$,$DA = \frac{1}{2}AB = \frac{1}{2} \cdot \frac{R}{2} = \frac{R}{4}$,$OA = R$,则 $\sin \angle AOD = \frac{DA}{OA} = \frac{1}{4}$,由三角函数表得 $\angle AOD = 14°28'36''$,所以 $\angle AOB = 28°57'$;大圆上 $1'$ 对应的弧长约等于 1 海里(1 海里 $\approx 1.85$ 千米),$28°57' = 1737'$,因此,大圆上的劣弧 $AB$ 的长度为 $1737 \times 1.85 \approx 3\ 213$(千米)。

由以上计算可以得出,在航行图上,从 $A$ 到 $B$ 沿纬线圈的航线是 3 333 千米,沿大圆的航线是 3 213 千米,$3\ 333 - 3\ 213 = 120$(千米),所以后者比前者短了约 120 千米。

为什么我们在几何课上学过的公理——"两点之间,线段最短"在这里不适用了呢?要注意,这条公理适用于平面,而我们这里涉及的是球面。球面上两点间的所有路径都是空间曲线,其中弧线自然是较短了,但经过两点的弧线也有无数条,所有这些弧线中,哪条才是最短的呢?

两点间的弧线对应的半径越大,弧的弯曲程度越小,它也就越趋近于线段,长度也就越短。如图1.1.4所示,点 A 到点 B 的 3 段劣弧中,在圆 $O_3$ 上的劣弧是最短的,若有比圆 $O_3$ 的半径还大的圆经过 A、B 两点,则可以得到更短的弧线。举个例子,你拿一个乒乓球,你会觉得它的边缘是圆的,但远眺地平线的时候,你就会觉得它是一条直线,这是因为地球的半径比乒乓球大得多。对一个球体来说,它可以被不同的平面切出很多圆,但这些所有切出来的圆中,经过球心的平面切出的圆的半径才是最大的,它也就是我们前面所说的大圆。所以,经过球面两点的大圆劣弧最短,而用这种方式规划的航线,就叫做大圆航线。

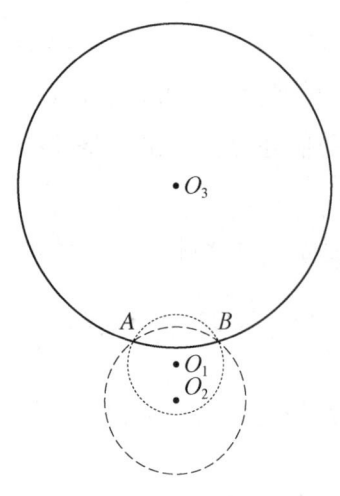

图 1.1.4 过 A、B 的圆的半径越大,A、B 间的弧线越短

地球上的所有航线其实都是如此。比如,在非洲好望角和澳大利亚之间,沿纬线圈的航线为 6 020 海里,但大圆航线仅有 5 450 海里,两者相差了 570 海里,约 1 054 千米。从平面地图上看,南非的好望角与澳大利亚南端之间的最短路线是一条曲线(大圆航线),而不是直线。地图上的大圆航线虽然看似曲线,但从空间上看它其实比其他航线"直"得多。又比如,从地图上,我们可以看到,在上海和伦敦之间,如果画一条直线,它一定会穿过里海,但这两座城市之间的最短航线实际上是经过圣彼得堡再往北的那一条。

通过分析可以看出,在航行中,如果不事先规划出最短航线,可能浪费很多燃料和时间。在当代,节省燃料和时间具有非常重要的意义。现在毕竟不是依靠帆船航海的时代了,时间对于我们每个人来说都是非常宝贵的。航线缩短,就意味着所用燃料减少,自然所需要的费用也减少了。

那是不是地球上所有飞机的飞行航线都是按照我们所说的最短路径飞行呢?实际航线的确定当然没那么简单,但大圆航线一定是极为重要的参考依据,除此之外还需要考虑些什么,在这里就不具体展开了,有兴趣的读者可以自行去了解。

## 1.2 如何测量地球的半径?

我们知道,地球的形状近似一个球体,那么我们怎样测出它的半径呢? 可能有些读者会说,这么简单的问题,上网搜索一下就知道啦! 但大家有没有想过,在还没有互联网的时代,前人是怎么测量出地球的半径的? 还有人会说,我们可以用尺子去量地球的周长,然后用周长公式 $C=2\pi r$ 求出地球半径。但这个方法显然是不可行的,别的不说,光是绕赤道走一圈就得花不少时间。不过,早在公元前 3 世纪,希腊天文学家厄拉多塞内斯(Eratosthenes,公元前 276—前 194 年)就首次测出了地球半径! 他到底是怎么做到的呢?

厄拉多塞内斯选择在夏至这一天进行观测,当太阳直射到赛伊城(今埃及阿斯旺城)的某水井 $S$ 时,测出亚历山大城某处 $A$ 的天顶(将观察点的铅垂线向上无限延长后相交于天球的一点)与太阳的夹角 $\theta=7.2°$。他认为这两地在同一子午线(经线)上,从而这两地之间的弧所对的圆心角 $\angle SOA=\theta=7.2°$ (如图 1.2.1),又知商队旅行时测得点 $A$ 与点 $S$ 之间的距离约为 5 000 古希腊里,他按照弧长与圆心角的关系,算出了地球的半径约为 40 000 古希腊里。1 古希腊里约为 158.5 米,那么他测得地球的半径约为 6 340 千米。

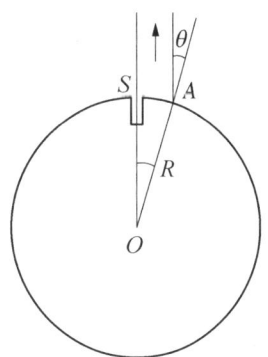

图 1.2.1 厄拉多塞内斯测量地球半径的方法

厄拉多塞内斯这种测量地球半径的方法常被称为弧度测量法。用这种方法测量时,只要测出两地之间的弧长和圆心角,就可以求出地球的半径了。近代测量地球半径仍然沿用弧度测量法,只是在求相距很远的两地间的距离时,采用了更加精确有效的三角网法。比如求 $M$、$N$ 两地的距离时,可以如图 1.2.2 所示布设三角网,用经纬仪测量出 $\triangle MAB$,$\triangle ABC$,$\triangle BCD$,$\triangle CDE$,$\triangle DEN$ 的各个内角的度数,再量出 $M$ 点附近的那条基线 $MA$ 的长度,最后即可算出 $MN$ 的长度

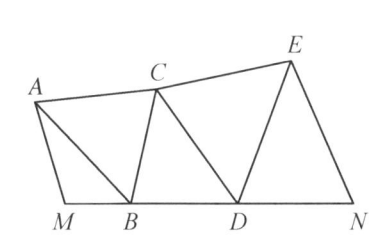

图 1.2.2 三角网法测两点间的距离

了。通过这些三角形,怎样算出 $MN$ 的长度呢?这里要用到三角形的一个很重要的定理——正弦定理。如果 $M$、$N$ 两地在同一条经线上,用天文方法测出各地的纬度后,即可算出 $1°$ 对应的经线上的弧长约为 $111.28$ 千米,这样推算出来的地球半径 $R = \dfrac{180 \times 111.28}{3.14} \approx 6\,379$(千米)。

其实,在今天看来,我们会有更多更简单的方法来估算地球的半径,因为我们已经有了更精确的测量方法与手段。我们每个人都可以自己动手测出地球半径。这里介绍一种利用落日时差测量地球半径的方法[①]。

首先,我们可以找一个优美的海边沙滩,再在附近找一个高层建筑,例如我们可以住在临海旅馆的一个高层房间里,这个房间视野开阔。那么接下来,你可以先测一下房间的窗台离地面的高度,方法自然有很多,当然你也可以直接问旅馆老板。我们假设这个高度为 10 米。还有一个重要的条件,即在这个房间和海边沙滩,你都可以望到西边海天相接的地平线,换句话说,都可以清楚地看到落日的全过程。

现在,你可以想象,黄昏时分,在太阳落山之前,你与你的朋友分别在沙滩上与房间内看落日,比如你趴在旅馆前的海滩上,而你的朋友坐在房间里把下巴倚在窗台上。我们知道,站得越高,看到落日的时间越晚,也就是说,当沙滩上的你看到太阳落下地平线时,你的朋友在高层房间内还可以看到一点太阳的轮廓。你一看到太阳从海平面(地平线)上消失就立即按下秒表开始计时,而你的朋友这时还在继续看落日,他在看到太阳消失的一瞬间,大喊一声"停",你就再按下秒表停止计时。最后秒表显示的结果是 24.366 秒。这样你只需要一点三角函数知识便可以推导出地球的半径了。

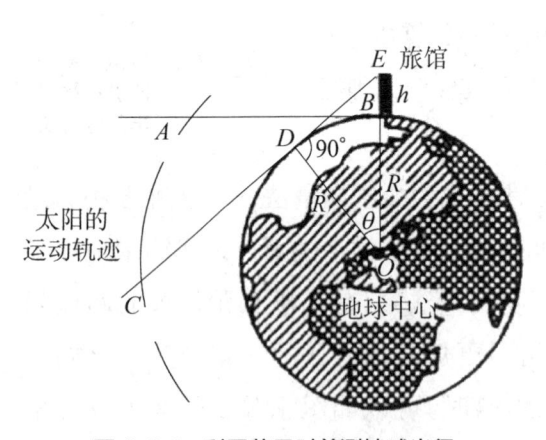

图 1.2.3 利用落日时差测地球半径

如图 1.2.3 所示,理想情况下,对于趴在海滩上的人来说,太阳没入海平面时,其发出的光线与地球相切于他趴着的地方,如线段 $AB$ 所示。同理,居于高处的人

---

① 杨立君,杨孝远.巧测地球半径[J].物理教师,2004,25(10):47—48.

所看到的太阳的最后一缕光线也与地球相切,如线段 CE 所示。设高处的观察者所在高度为 $h$,地球的半径为 $R$。

$\triangle ODE$ 是直角三角形,由三角函数可知,直边 OD 与斜边 OE 的关系式为 $OD = OE \cdot \cos\theta$,即 $R = (R+h) \cdot \cos\theta$,其中 $\cos\theta$ 是 $\theta$ 角的余弦。另外,我们知道地球转过这个 $\theta$ 角需要的时间 $\Delta t = 24.366$ 秒,又知地球转一周需要的时间 $T = 24$ 小时,由 $\frac{\theta}{2\pi} = \frac{\Delta t}{T}$ 可以得出 $\frac{\theta}{360°} = \frac{24.366}{24 \times 3600}$,则 $\theta = 0.101525°$。我们使用计算器可以算出 $\cos\theta = 0.99999843$;将 $h = 10$ 米,$\cos\theta = 0.99999843$ 代入 $R = (R+h) \cdot \cos\theta$,便可算得 $R \approx 6370$ 千米,这便是地球的半径!

当然,事情不可能像上面描述的那么理想,测量中会产生各种误差,比如,你的眼睛不可能恰好处在地面上,人脑的反应有快慢之分,声音的传递有延迟,太阳光在大气层中发生折射,等等。如果你朋友住在酒店的 20 层,或者他是在海边一个巨大的峭壁上,而你在峭壁的底部,并且你们两人用手机相互联系,你们甚至可以在线共同操作一个智能秒表等,这样就可以把测量过程的误差尽可能降低。可以想象,如果海边有一座理想的高山,其高度达到 600 米,那山上与山底的落日时间相差约 3 分钟,这样得到的测量结果误差就更小了。

随着科技的发展,我们还可以用许多新的电子工具进行测量,比如将智能手机的摄像机、徕卡 TS11 全站仪与 Image J 免费软件等现代技术相结合,可以较大程度地优化测量地球半径的方法[①]。首先选取地平面上的一座高耸建筑物,且建筑物一侧正对太阳落山方向。与前面的方法类似,我们需要测量的数据主要是两个:一是某高层建筑上下两点(点 A 与点 B)的距离 $h$,二是太阳光最后照到点 A 与点 B 的时间差 $\Delta t$。对于建筑物上两点高度差的确定,我们可以用徕卡 TS11 全站仪测量(如图 1.2.4 所示),得到的测量结果为 $(h \pm 0.01)$ 米。对于时间差 $\Delta t$,如果你"不相信"眼睛的观察和大脑的反应速度,那么可以借助智能手机和 Image J

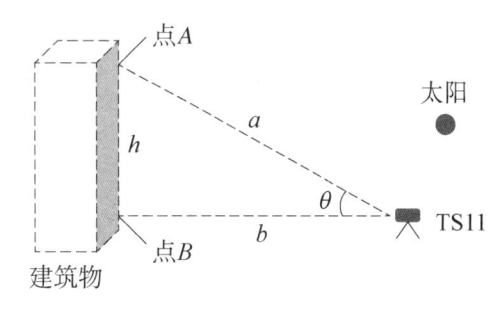

图 1.2.4 徕卡 TS11 仪测量两点之间高度差

---

① 张愉,张雄. 用 iPhone5s 的摄像机巧测地球半径的方法[J]. 物理教学探讨,2015,33(3):54—55.

软件。

与低处先看到日落,高处后看到日落相似,太阳落山过程中,建筑物下部先没入黑暗,上部后没入黑暗。我们可以将一个智能手机固定在稳固的三脚架上,设置其模式为视频模式,将其功能锁定为自动对焦和自动曝光,以防止焦点的改变或不必要的曝光,这样就能拍到建筑物表面光线的变化。用软件 Image J 对手机录制下的视频图像进行处理,便可以得到最后一缕阳光照到点 $A$ 与照到点 $B$ 的时间差,其结果为 $(\Delta t \pm 0.5)$ 秒。再利用所得数据及地球自转周期 $T$,就可以计算出地球在这个时间内转过的角度 $\theta$,即根据 $\dfrac{\theta}{2\pi}=\dfrac{\Delta t}{T}$,可以得到 $\theta=2\pi\dfrac{\Delta t}{T}$。又由图 1.2.5 所示几何关系,有 $\cos\theta=\dfrac{R}{R+h}$,则 $R=\dfrac{h\cos\theta}{1-\cos\theta}$,由此可计算出地球半径。如果觉得该式计算起来太复杂,我们还可以进行简化,由于 $\theta$ 非常接近于 0,即 $\cos\theta\approx 1$,该式可以近似等价于 $R=\dfrac{h}{1-\cos\theta}$,这样可以较为方便地求出地球半径。

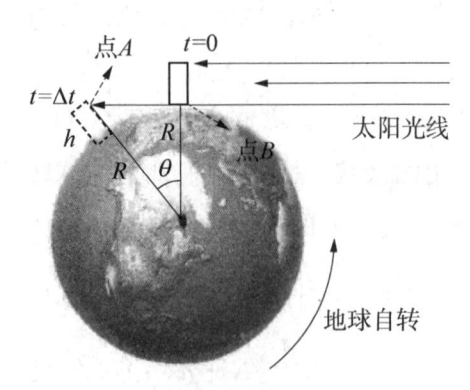

图 1.2.5　用智能手机等电子工具测地球半径

说了这么多,大家赶紧亲自动手测量一下地球半径吧。方法是多样的,相信你可以根据自己的知识和聪明才智找到合适的偏差又小的测量方法!

## 1.3　如何测量地球的质量?

我们知道怎样测量自己的体重,那么怎么测量地球的质量呢?是不是做一个很大的秤,把地球放在上面就可以测出来了呢?但是地球实在是太大了,要测量地球的质量就得用一杆比地球还巨大的秤,而这么大的秤,以我们现有的技术不可能制造出来。看来,我们只得另辟蹊径了。

第一位设法称出地球质量的人是英国科学家亨利·卡文迪许(Henry Cavendish,

1731—1810年）。在卡文迪许所生活的年代，自然科学正处于飞速发展的时期，但也面临了许多"难题"，而"测量地球质量"被认为是无法攻克的难题中的难题。

当时经过测量和计算，科学家们已经知道地球半径约为 6 400 千米，也知道地球的体积约为 $1.08×10^{21}$ 立方米。有人提出运用"质量＝密度×体积"（$m=\rho V$）公式来计算地球质量。但是大家发现地球的物理结构非常复杂，地球各部分的密度不同，差别很大，况且地球中心的密度根本无法知道。一些人猜测地球中心是气体或者是比气体还轻的物质；另一些人猜测地球的中心是实心的而且质量很大。科学家们对此争议不断，测量地球质量的工作就被搁置了。

庆幸的是牛顿发现了万有引力定律：任何两个物体都是相互吸引的，引力大小与这两个物体质量的乘积成正比，与它们中心距离的平方成反比。公式为 $F=G\dfrac{Mm}{r^2}$。

我们似乎可以用这个万有引力定律公式求出地球质量，只要令公式中 $M$ 表示地球的质量，$m$ 表示地面上一个已知物体的质量，此时它们中心的距离 $r$ 即为地球的半径（已知），$F$ 则为物体 $m$ 受到的重力（可测），再根据变形公式 $M=\dfrac{Fr^2}{Gm}$，就可以计算出地球质量。但是细心的你会发现，我们还不知道万有引力系数 $G$ 的值。

通过查阅资料你了解到，万有引力常数 $G$ 是一个定值，现在已经被测出来了。那我们不就可以直接用测出来的值计算地球质量了吗？不错，对于站在巨人肩膀上的我们来说，确实可以直接运用前人得到的结论。但你不妨想想，你若是卡文迪许又怎么办呢？那时候只知道公式里有个常数 $G$，但完全不知道它是多少呀！那卡文迪许放弃用这个方法测地球质量了吗？他不但没有放弃，反而迎难而上，先测定两个铅球之间的引力，然后成功计算出了引力常数 $G$，进而求出地球质量。要知道，测出引力常数 $G$ 的数值可比测出地球质量贡献更大呢！不过，说时容易做时难，卡文迪许也是颇费一番周折才成功的。

工欲善其事，必先利其器。1750年，年仅19岁的卡文迪许得知剑桥大学的约翰·米歇尔（John Michell，1724—1793年）在研究磁力时使用了一种新的测力方法：用一根细绳将细长的磁针从中间吊起来，用细绳的扭转程度表示力的大小。卡文迪许便利用米歇尔的装置，设计了一个测定引力的装置；细丝转过一个角度，就能计算出两个铅球之间的引力。他以为这样便可以由公式计算出引力常数了。但是，这个方法还是失败了。为什么会失败呢？因为两个铅球之间的引力太小了，细丝扭转的灵敏度还不够大，所以灵敏度问题成了实验成功与否的关键。

卡文迪许为此伤透了脑筋。有一次，他正在思考这个问题，突然看到几个孩子在做游戏。有个孩子拿着一块小镜子对着太阳，把太阳光反射到墙壁上，产生了一个白亮的光斑。小孩子用手稍稍地移动了一个小小的角度，光斑就相应地移动了较长的距离。卡文迪许猛然醒悟，这不就相当于一个距离放大器吗？仪器的灵敏度不就可以通过它来提高吗？

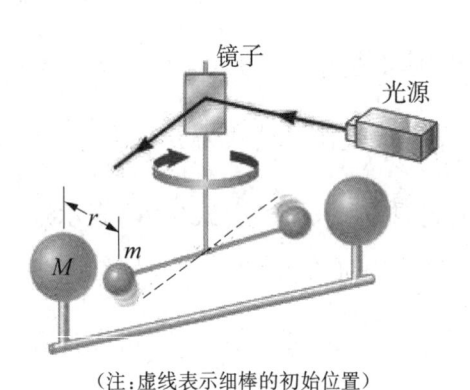

于是，卡文迪许在测量装置上装了一面小镜子（如图 1.3.1 所示）。受到另一个铅球微小的引力，安在细棒上的小铅球带动细棒偏转，系在细棒上的细丝相应发生扭转，小镜子随细丝偏转一个很小的角度，它所反射的光就扫过一个相当大的距离。卡文迪许不负所望，终于利用这一方法测出了引力常数 $G$ 的数值，即 $G = 6.67 \times 10^{-23}$（牛·米²/千克²）。他后续又测出一个铅球与地球之间的引力，根据万有引力公式，计算出了地球的质量，约为 $5.965 \times 10^{24}$ 千克。

（注：虚线表示细棒的初始位置）

图 1.3.1　卡文迪许扭秤实验

看到这里，大家能不能尝试用类似的方法算出月球的质量或者太阳的质量呢？

## 1.4　太阳日和恒星日有什么区别？

"日"是我们各种年历、月历、日历中最基本的单位，那你对一日又了解多少呢？你可能意识到我们早期是通过白天和黑夜的交替来认识"日"的。提到白天和黑夜，我们都可以指出什么是白天，什么是黑夜。但如果问起白天和黑夜的分界，你可能一时难以回答，因为白天和黑夜的交替并不是固定在某个时刻。早上的天空是慢慢变亮的，晚上的天空是慢慢变黑的。那我们怎么来确定一日的时间呢？

## 影子与时间

因为太阳每天早上从东边升起,到了傍晚从西边落下,所以我们可以用太阳在地平线上升起到第二天太阳重新出现在地平线的这段时间来确定一日的长度。当然,我们也可以换个角度,从日落西山的那一刻到第二天日落西山的那一刻来确定一日的时间。

这个方法行得通吗?可以说这个方法有点牵强。我们只要仔细观察太阳从东边升起或者从西边落下的位置,就知道这个方法不够准确。我们的地球绕着太阳公转,日出东山和日落西山的位置都会发生微妙的变化,因此用这种方法确定的一日的长度也有不同程度的变化。

为了避免这个问题,天文学家们把一日的长度规定为从太阳升至最高处到第二天太阳升至最高处的时间。看到这里,有些读者或许有些疑惑,天空上的位置并不像地平线那样容易辨识,我们怎么知道太阳什么时候升得最高呢?我们可以用一个简单的方法来解决这个问题,即将一根棍子垂直插在地面上,通过测量棍子影子在地面上的长度来判断太阳高度(如图1.4.1)。

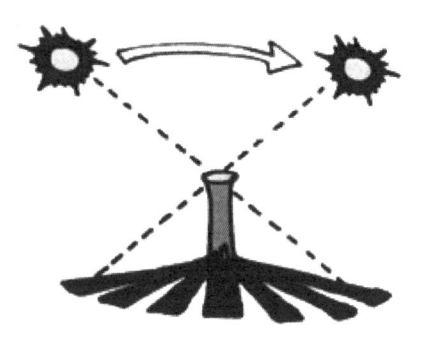

图1.4.1 物体影长与太阳高度的关系

一根竖直立于地面的棍子的影子长度和方向的变化同其所在地点和时间之间存在着密切的函数关系。举个例子,我们可以观察一个3米高的旗杆一天当中影子长度的变化,收集数据后拟合绘制出如图1.4.2的曲线,在此基础上再总结出影子长度的变化规律。

从图1.4.2中,我们至少可以发现:(1)清晨和傍晚旗杆影子最长,中午最短,早上到中午影子慢慢变短,中午到晚上影子又慢慢变长;(2)大约在12时12分,旗杆影子长度达到最小值,约为3.7米。另一方面,给定影子长度,我们可以依据该函数图象判断当时的时刻,比如,如果影子长度为6.5米,那么其对应的时刻大约是9时20分。

当然,这样得到的数学模型还是比较粗糙的,它只适用于数据采集地附近及采集日前后一周内。因此,若想通过影子更加准确地判断所在地的时间,还需要考虑影子

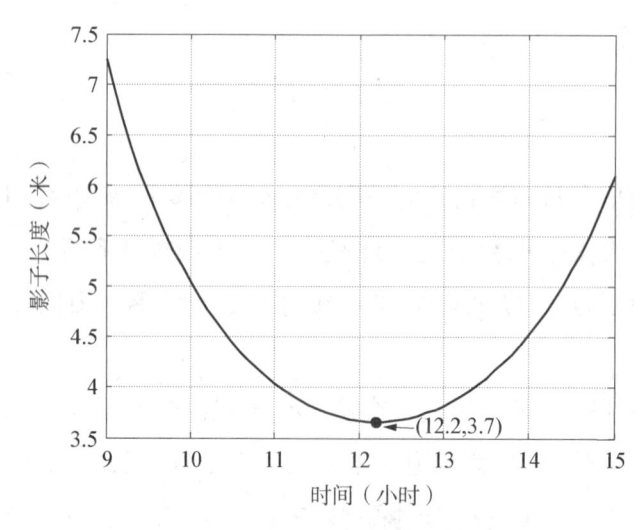

图 1.4.2　旗杆的影子长度随时间的变化

的方向,该数学模型的进一步完善就留待读者研究了。

其实,类似这样的棍子我们并不陌生,日晷便是其中的典型。"晷"意为太阳的影子,"日晷"指的是古代利用日影测定时刻的一种计时仪器(如图 1.4.3)。当太阳从东方升起,日晷中央的金属棍投在西侧刻度盘上的影子是长长的。随着太阳逐渐升高,金属棍的影子也慢慢变短,而且影子的方向会从西侧渐渐移向东侧。到了正午时刻,太阳升到最高处,金属棍的影子方向指北,这时,影子的长度变得最短,这就是天文学中常说的"太阳通过当地的子午线"的情形。接着太阳会继续向西移动,直到落山,金属棍在东侧刻度盘上投下长长的影子。

图 1.4.3　日晷

日晷中包含了许许多多的数学知识,制作一个日晷也不是很难的事情,有兴趣的读者不妨自己动手试试看。

那什么是太阳日呢? 天文学对"太阳日"的定义是:太阳中心连续两次出现在同一地点上中天(最高处)的时间间隔。这是以太阳的视运动为标准规定的一日的长度。太阳日又有真太阳日和平太阳日之分。根据我们所看到的太阳的真实移动来定义的一日又称作"真太阳日"。但是真太阳日存在一个问题:由于地球绕太阳公转的轨道(黄道)近似于椭圆,再加上地球自转轴相对于黄轴(经过地心并且与黄道平面垂直的直线)有一定倾斜(如图 1.4.4),太阳连续两次出现在最高处的时间间隔随着季节的变化而变化,例如,冬至时节的真太阳日就要比秋分时节的大约长 50 秒。怎么解决这个问题呢? 人们又想出了一个办法,即将全年的太阳日累加起来,然后除以一年的天数,并规定得出来的平均值为一日的长度。这个时间是以一年的平均数为依据推算出来的,所以叫平太阳日。1 平太阳日 = 24 小时,我们可以笼统地记作,1 太阳日 = 24 小时。

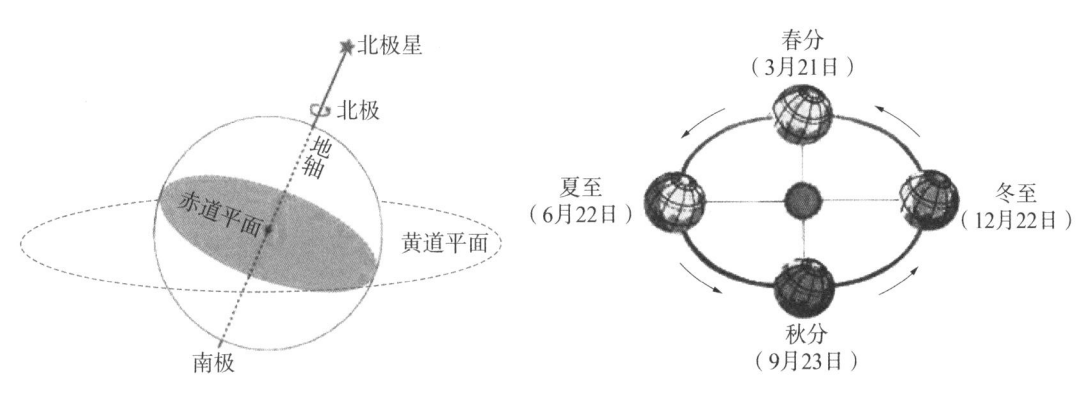

**图 1.4.4　地球的自转与公转**

那什么是恒星日呢? 除了利用太阳的视运动来确定一日的长度,我们还可以用其他方法来确定一日的长度吗? 由于地球自西向东自转,天上的星星每晚从东方升起,到了清晨再从西方落下。我们也可以以星星的视运动为标准确定一日的长度,即规定恒星在子午线上的一个轮回为一日的长度,这样定义的一日叫做恒星日。恒星日是恒星回到夜空同一位置的循环周期。1 恒星日 = 23 小时 56 分 4 秒。

那为什么恒星日会比太阳日短 3 分 56 秒呢? 这是因为地球在自转的同时还要

围绕太阳公转。我们可以这样理解：太阳日是地球上某点从正面太阳开始随着地球转到下一次正面太阳的时间间隔；恒星日是地球上某点从正面某非太阳恒星开始随着地球转到下一次正面该恒星的时间间隔。我们可以认为非太阳的恒星是在无穷远处，那么一个恒星日的时间间隔就等于地球自转一周的时间。

如图 1.4.5 所示，地球从 $E_1$ 到 $E_2$ 过程中，刚好自转一周，对应一个恒星日。但这时地球上的点 $P$ 还没有正面太阳，地球再自转一定角度，运动到 $E_3$ 时，站在点 $P$ 处的人才会觉得太阳到达最高点。从 $E_1$ 到 $E_3$ 对应于从昨天太阳最高的时刻到今天太阳最高的时刻，即一个太阳日。所以太阳日大于恒星日就不难理解了。

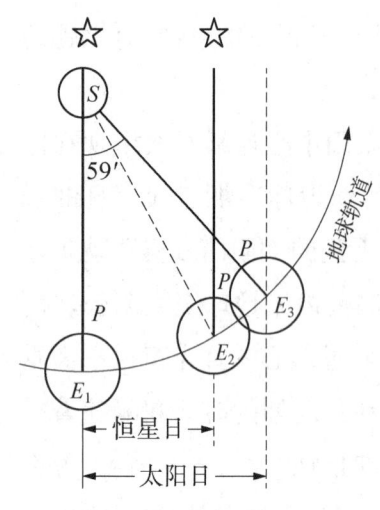

图 1.4.5 恒星日与太阳日比较

更具体地，我们可以算出这个时间差。地球每天绕太阳公转的角度为 $360° \div 365 \approx 59'$，因此，在恒星日的基础上再加上地球自转 $59'$ 的时间，就能由恒星连续两次上中天的时间（一个恒星日）得到太阳连续两次上中天的时间（一个太阳日）。地球自转 $59'$ 的时间是：$24 \times 60(分钟) \div 365 \approx 3.94(分钟)$。由此可得，地球自转一周后继续旋转 3.94 分钟（约 3 分 56 秒）才能看到太阳上中天，也就是说，1 恒星日比 1 太阳日短 3 分 56 秒。

恒星日与太阳日的比较如下表。那恒星日会不会像真太阳日一样受到地球公转的影响，致使每日的长度都在发生变化呢？答案是否定的，因为地球与恒星（除太阳外）的距离十分遥远，所以恒星的视运动基本不受地球公转轨道形状、自转轴倾斜程度影响，而且我们在规定恒星日的时候，不是以某一特定的恒星为基准的。换句话说，太阳日不仅受地球自转影响，还受地球公转影响，而恒星日仅取决于地球自转。

|  | 转过角度 | 时间间隔 |
| --- | --- | --- |
| 1 恒星日 | $360°$ | 23 小时 56 分 4 秒 |
| 1 太阳日 | $360°59'$ | 24 小时 |

## 1.5 月相、朔望月、闰月三者有什么关系?

"举杯邀明月,对影成三人","月上柳梢头,人约黄昏后","今宵酒醒何处,杨柳岸晓风残月",等等,这些对月吟咏的美文佳句,至今仍滋养着一代代中华儿女。古往今来,悬于苍穹的月亮和它阴晴圆缺的变化,给了人类多少联想遐思。我国自古就有嫦娥奔月、吴刚伐桂、玉兔捣药等传说,历代文人雅士也对月亮赋予了丰富多彩的寓意。我国农历月份的制定就是以月相(我们所看到的月亮表面发亮部分的形状)变化周期为标准的,中国传统节日,如春节、端午节、中秋节、重阳节等都是按农历时间安排的,由此可见月相与我们的生活息息相关。如今,我们把对月球的想像转化成了实际的探索与行动,我国的"嫦娥"系列探月工程也取得了阶段性的突破。

现在的你,对月亮又了解了多少呢? 我们看见的月亮为什么会有圆缺的变化? 这种变化有规律吗? 怎样把握和应用这样的规律呢? 月亮有太多的秘密了,其中许多问题的解答,同样离不开数学。

### 月相的变化

在一个月内,我们每晚看到的月亮是不同的,有满月和新月,也有上弦月与下弦月。我们都知道,月球本身不发光,但可以反射太阳光,因此朝着太阳的那半球总是亮的,如图 1.5.1 所示,若亮半球朝向我们,我们就能看到满月,随着时间推移,月球上未被太阳照亮的阴影区域也进入我们的视线,我们便依次看到了凸月、下弦月、残月等。

那么,到底哪一天可以看到上弦月,哪一天可以看到残月呢? 你可以尝试自己去探索月相变化。譬如,每天晚上观察月亮,记下其面积或者形状,然后试着找出其中的数学规律,用你觉得合适的方式表示出来,因为天文学家们也都是这样去寻找宇宙规律的。下面给大家展示一个简单的探究例子,观察一个月内月相面积比(所见月亮面积与满月月亮面积的比),记录部分数据(如下表):

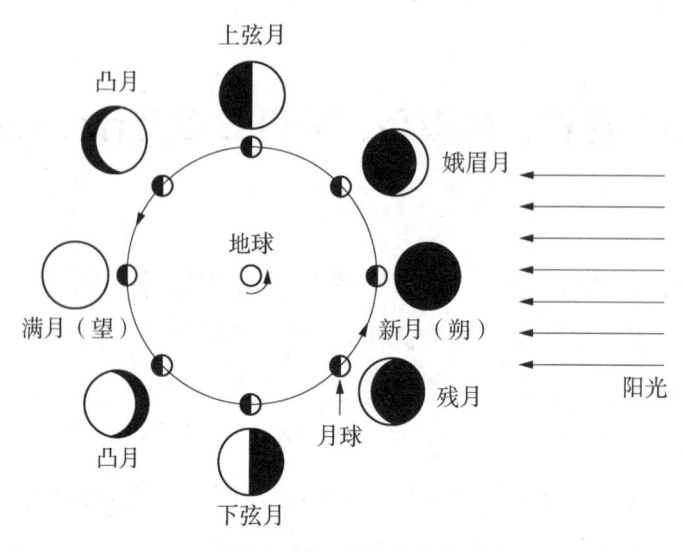

图 1.5.1 月相的变化

| 时间 | 月相 | 月相面积比 |
| --- | --- | --- |
| 初一 | 朔月 | 0（不可见） |
| 初八 | 上弦月 | 0.5（半月） |
| 十六 | 望月 | 1（满月） |
| 廿四 | 下弦月 | 0.5（半月） |
| …… | …… | …… |

积累足够的数据之后，便可以在月相面积比-时间平面直角坐标系中画出散点图。通过观察和猜想，你可以尝试用学过的函数去拟合它。若是拟合效果好，你就能用所得到的数学模型（函数表达式或图象）预测每一天的月相面积比了。例如，初一至十六面积比单调递增，而十六日以后单调递减，因此可以尝试用最简单的一次函数进行拟合。

假设月相面积比与时间成线性相关，设 $y=kt+b$（其中 $t$ 为时间，取值范围在 $0\sim 16$ 之间；$y$ 为月相面积比，取值范围在 $0\sim 1$ 之间）。$t=8$ 时，$y=0.5$，且 $t=16$ 时，$y=1$，由此可得到 $y=\dfrac{1}{16}t$ $(0\leqslant t\leqslant 16)$，同理，可求得 $16<t\leqslant 30$ 时，$y=-\dfrac{1}{16}t+2$，即

$$y=\begin{cases}\dfrac{1}{16}t, & 0\leqslant t\leqslant 16(\text{月相朝西})\\ -\dfrac{1}{16}t+2, & 16<t\leqslant 30(\text{月相朝东})\end{cases}$$

其函数图象如图 1.5.2 所示。

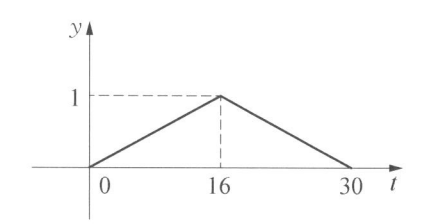

图 1.5.2 月相面积比-时间函数图象

下面我们来验证这一数学模型是否合理。若想看看下月初十的月亮有多大,利用上述模型便可算得月相面积比 $y=\dfrac{10}{16}=0.625$,即当晚所能看到的月亮的面积大约为满月时的 62.5%。与实际情况进行对比,结果有一定的合理性。当然,该模型过于简单,它的预测结果虽然有一定的合理性但并不是十分准确,那么我们可以想办法改进我们的模型,使其更加合理。读者们可以尝试着做一做,或许会有新的发现呢!

已经有学者对月相面积比进行过深入研究,获得了较为准确的数学模型,而且发现,得到的结果与太极图有一定的关联。我们不难发现,月亮的圆缺变化具有周期性,我们可以很容易想到利用三角函数进行拟合。设满月的面积为单位 1,月球反光面方向与我们的观察方向之间的角度用 $\theta$ 表示,它大致为月球对太阳、地球的张角。那么,从朔月(初一)开始,我们所看到的月球明亮部分的面积 $S_1=\dfrac{1-\cos\theta}{2}$,阴暗部分的面积 $S_2=\dfrac{1+\cos\theta}{2}$,其中,$S_1+S_2=1$。由此,在平面坐标系中可以画出如图 1.5.3 所示的图象,其中,白色部分表示 $S_1$,灰色部分表示 $S_2$。

因其变化具有周期性,我们还可以在太极坐标系中将其绘制出来,如图 1.5.4 所示(太极坐标图中的白色部分、灰色部分分别对应图 1.5.3 中的白色部分、灰色部分),可以看出该图与我国古代的太极图很相似。

图 1.5.3　月球明、暗部分面积随月相变化的平面坐标图

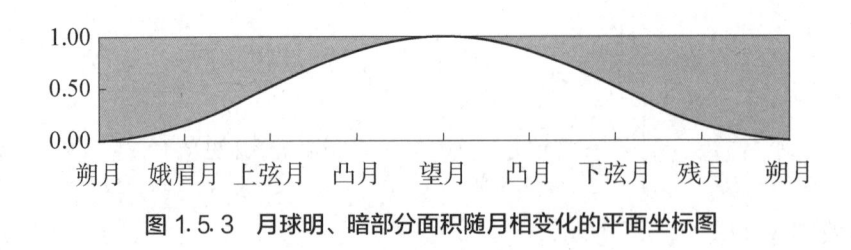

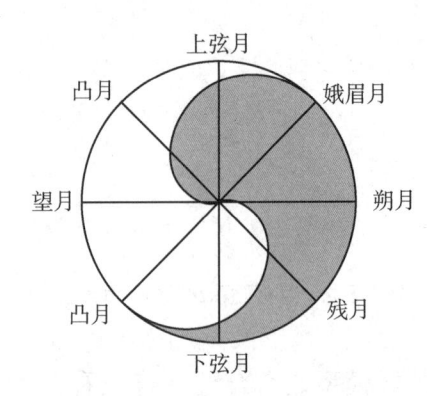

图 1.5.4　月球明、暗部分面积随月相变化的太极坐标图

月亮在中国古代哲学上有着至关重要的地位,它与太阳一样是构成天人整体观的基本要素之一,是天体阴阳太极理论中的阴极,即日为太阳,月为太阴。"月有阴晴圆缺",古人认为月亮表面的明暗变化也具有阴阳特征,甚至用太极理论对月相的变化进行解释。

## 一个月到底有几天?

数学告诉我们的远不止这些。我们所说的"日"有恒星日与太阳日之分。类似地,我们所说的"月"也有恒星月与朔望月之分。所以一个月究竟有几天,首先要看看你所指的是哪一种"月"了。

以宇宙空间的恒星为参照,月球绕地球运行一周的时间称为一个恒星月,这是月球公转的真正周期,平均为 27.321 7 天(27 天 7 时 43 分),但这并不是我们农历上所说的"一个月"。以月相变化周期来界定的一个月时间称为朔望月,这才是我国农历中的月份。古人称每月农历初一的新月为朔,十五或十六的满月为望。朔望月也就是从一次新月到下一次新月的时间,或者一次满月到下一次满月的时间。朔望月平

均为 29.530 6 天(29 天 12 时 44 分)。所以，恒星月是月球实际绕地球转一圈的时间，而朔望月是我们在地球上所看到的月亮按阴晴圆缺变化一个周期的时间。

我们不禁产生疑惑，为什么朔望月比恒星月长呢？这其实并不难理解，与上一节讨论太阳日和恒星日类似，它需要我们置身于更广阔的宇宙空间中去考察。如图 1.5.5 所示，若以恒星为参考系，月球从 $M_1$ 运动到 $M_2$ 的过程中正好绕地球转了一圈，所用的时间即一个恒星月。地球上的观察者看到第一次满月时，地球位于 $E_1$，月球位于 $M_1$，地球运动至 $E_3$，这时月球位于 $M_3$，观察者能看到第二次满月，因此在观察者看来月球从 $M_1$ 运动到 $M_3$ 的时间为一个朔望月，而此时月球其实绕地球公转的角度超过 360°。所以从图 1.5.5 中可以直观看到，从 $M_1$ 到 $M_2$ 的时间是一个恒星月，而从 $M_1$ 到 $M_3$ 的时间是一个朔望月。

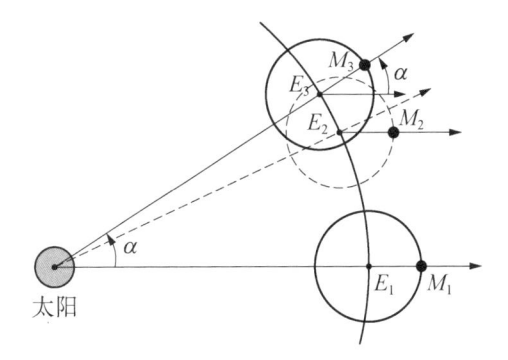

图 1.5.5 恒星月与朔望月比较[①]

一个朔望月比一个恒星月多走的这个角度的大小其实很容易计算出来。我们知道，一个恒星年平均为 365.256 4 个平太阳日(365 天 6 时 9 分)，因此地球公转的角速度为 $\omega_{地} = \dfrac{360°}{365.256\ 4\ 天}$。同理，月球绕地球的公转角速度为 $\omega_{月} = \dfrac{360°}{27.321\ 7\ 天}$。

如图 1.5.5，从第一次望月($M_1$)到第二次望月($M_3$)的过程中，地球绕太阳旋转了角度 $\alpha$，而月球绕地球旋转一周后再旋转了角度 $\alpha$(同位角)，二者所用时间相等，又所用时间等于角度除以角速度，则

$$\frac{\alpha}{\omega_{地}} = \frac{360° + \alpha}{\omega_{月}},$$

代入数值可解出，$\alpha = \dfrac{360°}{\dfrac{\omega_{月}}{\omega_{地}} - 1} \approx 29.1°$，即一个朔望月的时间内，月球绕地球旋转的角度实际为 $360° + 29.1° = 389.1°$。

与此同时，我们还可以由此算出月球从 $M_1$ 运动到 $M_3$ 的总时间 $t$，即

---

① 刘步林. 数学在天文学中的运用[M]. 北京：科学出版社，1979：47.

$$t=\frac{389.1°}{\omega_月}\approx 29.530\,2\,\text{天}。$$

我们可以进一步算出朔望月比恒星月多出的时间 $\Delta t=(29.530\,2-27.321\,7)$ 天 $=2.208\,5$ 天,约 2 天 5 小时。

## 何谓闰月?

在日常生活中,我们会碰到各种各样的日历,它已经成为我们生活不可缺少的一部分,很多人的行程是按照日历安排的。我们最常用的日历有阳历和阴历。阳历顾名思义就是按照太阳运行规律制定的,一年的月数和日数可以人为规定;它起源于西方国家,现在在世界范围内通用。阴历是按照月球运行规律制定的,只有年的月数可以人为规定;现在只有我国和周边的一些国家使用,如韩国、日本等。

我们知道阳历一个月有 28、29、30、31 天,那阴历呢?在阴历中,大月为 30 天,小月为 29 天,一个朔望月平均是 29.530 2 天,所以阴历的一个月要比阳历少一天左右。阳历一年有 12 个月,那阴历呢?让我们算一下,如果阴历每年 12 个月的话,因为阴历一个月比阳历少一天左右,那么一年将会少 11 天。那三年后呢?岂不是要少一个月?有些人可能不以为然,我们平时也会遇到阳历和阴历相差一个月的情形。但如果按照这个方式推算下去,过了 6 年、9 年、12 年、15 年……,又会怎样呢?原本在阳历 1 月或者 2 月过的春节,将会推迟到阳历 3 月、4 月、5 月、6 月……,你有想过在 6 月过春节吗?要是这样的话,那么谁还会通过阴历来判断季节呢?

为了让阴历如实地反映季节,我们应该如何调整它呢?因为阴历一个月比阳历少一天,那我们给阴历每个月增加一天可以吗?这是不可以的,这与我们的大前提相矛盾,因为阴历是根据月球绕地球周期性运转而制定的,如果随意更改,那一个月就不等于月球的运行周期了。那我们能不能在不改变阴历每个月的天数的前提下,让阴历与季节协调呢?

我们最终目的是增加天数,既然不能增加阴历每个月的天数,那我们可否增加一年的月份?实际上这也是唯一行得通的办法。在原本 12 个月的基础上增加一个月,我们称之为"闰月",那我们应该怎样置闰呢?三年后,阴历比阳历少 33 天,增加一个闰月也就增加 29 天或 30 天,还是比阳历少 3 天。那怎样才能制定出准确的阴历呢?

其实我们只要求出阳历一年的长度和阴历一个月的长度的最小公倍数即可。在这里,我们称阳历一年为回归年,有 365.242 2 天。阴历的朔望月平均每月是 29.530 2 天。我们假设 $m$ 个回归年的天数和 $n$ 个朔望月的天数相等,也就有:

$$m \times 365.242\ 2 = n \times 29.530\ 2,$$

在这个等式中,我们明显不能求出 $m$、$n$ 的数值,但是可以求出 $m$、$n$ 的比例。在下面这个比例式中,分子表示回归年的数目,分母表示朔望月的数目。

$$\frac{m}{n} = \frac{29.530\ 2}{365.242\ 2},$$

为方便计算,我们对原式进行化简,取 $\frac{m}{n} = \frac{29.53}{365.24}$,这里我们需要运用一个简单的数学工具——连分数,连分数的表达式为:

$$x = a_0 + \cfrac{1}{a_1 + \cfrac{1}{a_2 + \cfrac{1}{a_3 + \cfrac{1}{\ddots}}}},$$

其中 $a_0$ 为整数,$a_1$、$a_2$、$a_3$……为正整数。

接下来我们运用连分数得出 $\frac{m}{n}$ 的近似整数比,即

$$\frac{m}{n} = \cfrac{1}{12 + \cfrac{10.88}{29.53}} = \cfrac{1}{12 + \cfrac{1}{2 + \cfrac{7.77}{10.88}}} = \cfrac{1}{12 + \cfrac{1}{2 + \cfrac{1}{1 + \cfrac{3.11}{7.77}}}}$$

$$= \cfrac{1}{12 + \cfrac{1}{2 + \cfrac{1}{1 + \cfrac{1}{2 + \cfrac{1.55}{3.11}}}}} = \cfrac{1}{12 + \cfrac{1}{2 + \cfrac{1}{1 + \cfrac{1}{2 + \cfrac{1}{2 + \cfrac{1}{155}}}}}},$$

取到第 5 级,有

$$\frac{m}{n}=\cfrac{1}{12+\cfrac{1}{2+\cfrac{1}{1+\cfrac{1}{2+\cfrac{1}{2}}}}}=\frac{19}{12\times 19+7}。$$

这表示 19 个回归年中需要添加 7 个闰月。我们可以作如下比较,以此来检验该结果是否可靠。

阳历:$19\times 365.2422=6939.6018$(天)。

阴历:$(12\times 19+7)\times 29.5302=6939.5970$(天)。

二者相差:$6939.6018-6939.5970=0.0048$(天);$0.0048\times 24=0.1152$(小时)。

也就是说,采用"十九年置七闰法"后,阳历的 19 年和阴历的 19 年大约相差 6 分 55 秒,这已经足够精确了。这样就可以在很长一段时间内确保阴历的春节在每年的冬末春初。知道"十九年置七闰法"后,我们怎么推算闰月具体添加在哪一月呢?有兴趣的读者可以查阅资料进一步了解。

## 1.6 为什么满月的时候不一定发生月食?

上一节我们了解了月相的奥秘,有读者可能会产生这样的疑惑:望月时,月球的亮半球正好面向我们,此时月球和太阳在地球的异侧,那么地球不就会挡住投向月球的太阳光吗?这样月球不就没有亮半球了吗?换句话说,按照这样的逻辑,不应该每一次满月都看到月食吗?为何每年发生月食的次数一般才两次呢?同样地,在朔月的时候,月球与太阳在地球的同侧,月球不也就挡住了太阳投向地球的光线了吗?那我们不就能看到日食吗?

这是非常好的问题,而且我们也知道,当太阳、地球、月球三者大致处于同一直线上时会发生日食或者月食的现象,结合上述推测可以看出,望月的时候有可能发生月食,而朔月的时候有可能发生日食。但为何不是每次朔月、望月都发生日食、月食呢？在平面图上看或许还无法很好地回答这个问题,如果我们站在三维空间的视角上去看这个问题,那也就不难理解了。

如图 1.6.1 所示,因为月球绕地球公转的轨道平面(白道平面)与地球绕太阳公转的轨道平面(黄道平面)不在同一平面上,白道平面和黄道平面约有 $5°9'$ 的夹角,

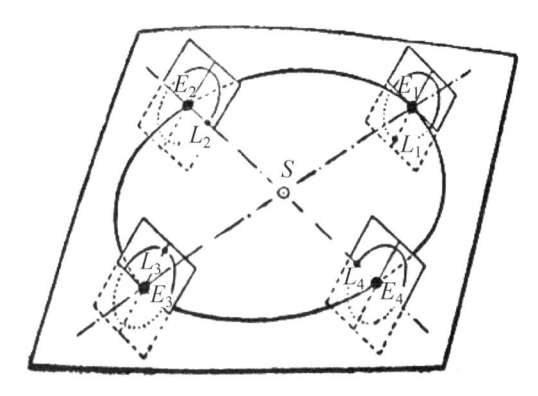

图 1.6.1 白道平面与黄道平面的夹角[①]

所以,日、地、月三者不是每次朔月与望月都会在同一直线上。

不过,开头提出的问题还是相当有价值的,它告诉我们,虽然每次满月的时候不都会发生月食,但是月食如果出现必然会是满月的时候。这就是为什么月食刚出现都是从满月开始,而不是从其他月相开始。

其实日食也是同样的道理,每次月亮运行到太阳和地球中间并不都发生日食,日食需要满足两个条件:其一,发生在朔日(农历初一左右);其二月球处于白道和黄道的交点附近,太阳中心与交点对地球上的观察者所张的角在一定范围内(日食限)。

我们还是先来说说月食。关于月食东西方都有许多传说,古代中国民间认为月食是"天狗吞月"造成的,必须敲锣打鼓才能赶走天狗,古代西方国家也认为月食产生的原因是有一只大怪兽(青蛙或龙)吞食了月亮。这些传说虽然天马行空,但说明了古人也在竭尽所能地去描述宇宙和解释世界。

公元前 2283 年美索不达米亚所记载的月食是目前所知的世界最早的月食记录,其次是中国公元前 1136 年的月食记录。月食现象一直推动着人类认识的发展。在汉朝,张衡就已经发现了月食的部分原理,他说"当日之冲,光常不合者,蔽于地也,是谓暗虚,在星则星微,遇月则月食",即认为地球走到月亮的前面把太阳的光挡住就形成月食。

公元前 4 世纪,亚里士多德(Aristotle,公元前 384—前 322 年)根据月食时看到的地球影子是圆的,推断地球是球形的。古希腊天文学家阿利斯塔克(Aristarchus,

---

[①] 刘步林.数学在天文学中的运用[M].北京:科学出版社,1979:189.

公元前 315—前 230 年)和希帕恰斯(Hipparchus,公元前 200—前 125 年)都提出通过月食测定"太阳—地球—月球"系统的相对大小。希帕恰斯还提出在相距遥远的两个地方同时观测月食,以此来测量地理经度。公元 2 世纪,托勒密(Ptolemy,90—168 年)利用古代月食记录来研究月球运动,这种方法一直延用至今。

在火箭和人造地球卫星出现之前,科学家一直通过观测月食来探索地球的大气结构。可见月食不仅仅是一种具有观赏性的天象,它还具有非常重要的科研价值,根据月食时日、地、月三者特殊的位置关系,天文学家们得出了很多有趣的结论。

其实月全食的时候我们并不是完全看不到月亮,而是会看到一个古铜色的或者暗红色的月亮(如图 1.6.2 所示)。我们都知道,月球和地球一样,本身不会发光,我们之所以能看见月球是因为月球表面将太阳光反射至地球,而月全食时,地球挡住了直射月球的太阳光,但是由于地球表面存在大气层,太阳光穿过地球大气层的过程中,偏红色的光线发生更大程度的折射而照到月球表面,因此月亮呈现"血月"的效果。

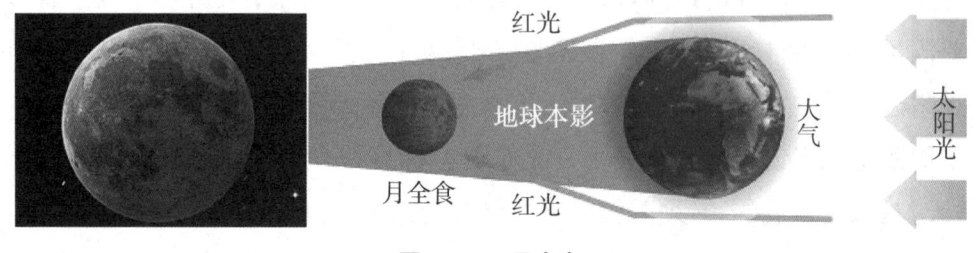

图 1.6.2　月全食

因为太阳的直径比地球的直径大得多,地球本身又不发光,所以在太阳的照射下,它的背面会出现一条长长的影子。地球的影子可以分为本影和半影(如图 1.6.3 所示)。地球的直径大约是月球的 4 倍,在月球轨道处,地球的本影的直径仍相当于月球的 2.5 倍,所以月球还是比较容易进入地球的本影之中的。

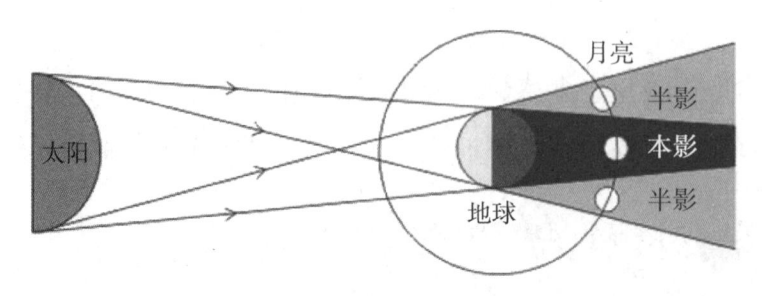

图 1.6.3　月食形成原理

在本影内,太阳直射过来的光被地球全部挡住,在半影内,太阳直射过来的光被地球部分遮挡。当月球只有一部分处于地球本影中时,就发生月偏食,而当月球全部处在地球本影中时就可以看到月全食。月球全部进入半影区域时我们所看到的现象在天文学上称为半影月食,但由于在半影区阳光仍十分强烈,多数情况下半影月食不容易用肉眼分辨。事实上半影月食比月偏食、月全食更常见,据观测资料统计,每世纪中半影月食、月偏食、月全食所发生的百分比约为 36.60%、34.46% 和 28.94%。

月食中也蕴含着丰富的数学知识。2004 年 5 月 5 日,中国境内出现了月全食,而当年某市的中考数学卷便以此为素材编制了一道简单的数学题,题目如下:

图(a)是 2004 年 5 月 5 日拍摄的月食过程照片,用数学的眼光看,月食过程可以认为是地球、月亮投影(两个圆)的位置关系发生了从外切、相交到内切的变化。设照片中的地球投影如图中半径为 $R$ 的大圆 $\odot O$,月球投影如图中半径为 $r$ 的小圆 $\odot P$。2 时 48 分月球投影开始进入地球投影(初亏,如图(b)所示);接着月球投影沿直线 $OP$ 匀速地平行移动进入地球投影(食既,如图(c)所示);3 时 52 分,这时月球投影全部进入地球投影(食甚,如图(d)所示)。求这段时间内圆心距 $OP$ 与时间 $t$(分)的函数关系式,并写出自变量的取值范围。

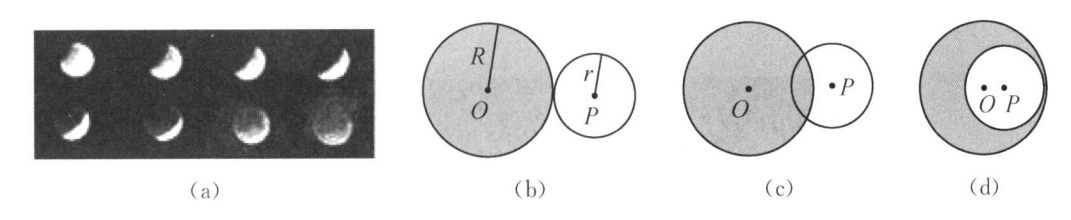

图 1.6.4　某市中考数学题图

相信这样的题目对你来说并不是难题,但它却是实实在在的生活问题,也是天文学问题。我们对天文学问题的研究都是从这样一些小问题开始一步步展开的。

2018 年,我国范围内就出现了两次月全食。第一次月全食出现在 2018 年 1 月 31 日;第二次出现在 2018 年 7 月 28 日。更重要的是,这两次月全食,我国各地皆可见。从全球的角度来看,月食几乎年年发生,但月全食却不是每年都有,具体到某个特定的国家、特定的区域,能够看到月全食的几率就更小了。所以这两次我国范围内均可见的月全食,可以说是相当宝贵的天文观测机会。值得一提的是,其中第二次月全食更是"21 世纪持续时间最长的月食",全食阶段持续 1 小时 44 分。

下一次月食又是什么时候出现呢?读者们不妨上网搜索一下,距今最近的下一次月食会在哪一天与你相遇呢?

## 1.7 什么情况下能看到日食?

光辉的太阳渐渐失去光芒,明亮的白昼忽然降下黑幕,星辰浮现,气温下降,走兽不安,飞禽归巢,传说是那天狗吃掉了太阳,现在我们知道那其实是因为月亮遮住了阳光。天象是宇宙为我们"编导"的一幕幕精彩演出,日食便是其中之一。

日全食的出现更是天文爱好者们不容错过的"奇观"。由于月球表面山谷起伏,凹凸不平,一部分阳光能透过这些锯齿形的边缘,形成一串耀眼的明珠,它们被称为"贝利珠"(如图 1.7.1)。你若仔细观察,可在此时发现天空中浮现的星辰及地平线上燃起的一圈奇妙"霞光"。可惜的是,这样的景象只能持续一两秒钟,整个日食的过程也仅仅只有两三分钟,最长也不过七分钟。庆幸的是,日全食并不是非常罕见的,几乎每年都会在世界的某个角落观测到。

图 1.7.1　日全食中的贝利珠

中国是世界上最早记录日食现象的国家。我国古书《尚书·夏书·胤征》中便记载了大约发生在公元前 2137 年 10 月 22 日的一次日食。书中写道:"惟时羲和颠覆厥德,沈乱于酒,畔官离次,俶扰天纪,遐弃厥司。乃季秋月朔,辰弗集于房,瞽奏鼓,啬夫驰,庶人走。羲和尸厥官罔闻知,昏迷于天象,以干先王之诛。"这段文字记录了日食期间,乐官击鼓,啬夫急跑,百姓奔走,而当时的天文官羲和因沉湎酒色,对发生的重大天象仍无所知。书中虽然没有出现"日食"二字,但根据"乃季秋月朔,辰弗集于房",即九月初一,日月会合于房宿,可以推定这里所记录的天象就是日食。《诗经·小雅·十月之交》也写道:"十月之交,朔日辛卯。日有食之,亦孔之丑。彼月而微,此日而微。"它记载了周幽王六年十月初一(公元前 776 年 9 月 6 日)出现的一次日食。与前一个记录不同,这个记录实实在在地提到了"日食"。

从春秋战国时期开始,中国对日食和月食的记录便丰富起来,这是我们中华民族光辉灿烂的科学文化遗产,为很多学科的研究工作提供了宝贵的考证资料。

### 日食的原因

那么日食是怎么形成的呢? 数学在其中又扮演着什么样的角色呢?

古时候,人们由于不了解日食产生的原因,对日食现象感到十分恐慌。史书记载了一场旷日持久的战争因日食而中止。公元前 585 年 5 月 28 日,在爱琴海东岸,米迪斯人和吕底亚人正在交战,双方打得难分难解。忽然天空中的太阳"不见"了,战场顿时天昏地暗。双方的首领都十分惊恐,认为这是上天对他们的惩戒,于是,都一致同意放下武器,平心静气地订立了和平条约,结束了一场持续 5 年之久的战争。

现在,科学家已弄清了日食产生的原因。我们知道,当月球运动到太阳与地球中间,并且三者大致处在一条直线上时,月球就会挡住太阳射向地球的光线,或者说,月球的影子投射到地面上,这样,在月影扫过的地区,人们就会看到日食。

更具体地,与月食类似,日食也有不同分类。月球和地球一样本身不会发光,因此,在太阳照射下,其背面也会拖出一条长长的影子,月球的影子可以划分为本影、半影和伪本影(注:地球其实也有伪本影,但月球不会进入地球的伪本影区域,所以在上一节讲解月食原理时并未提及地球的伪本影)。如图 1.7.2(a)所示,$A$ 区域为月球的本影，B 区域为伪本影，C 区域为半影。如果月球本影扫过地球，在它扫过的地区（如图 1.7.2(b) 中的乙地）内，人们就会看到日全食；如果被半影扫过，那些地区（如图 1.7.2(b) 中的甲地）的人们就只能看到日偏食；在伪本影扫过的地区（如图 1.7.2(c) 中的丙地），人们将看到日环食。环食是日食独有的，月球的实际半径比地球小得多，而月球绕地球公转的轨道是个椭圆，月球运动至远地点附近时其伪本影可能扫过地球，但发生月食时，月球会进入地球的半影和本影区域，不可能进入伪本影区域，因此月食有月全食和月偏食两种，而无月环食之说。

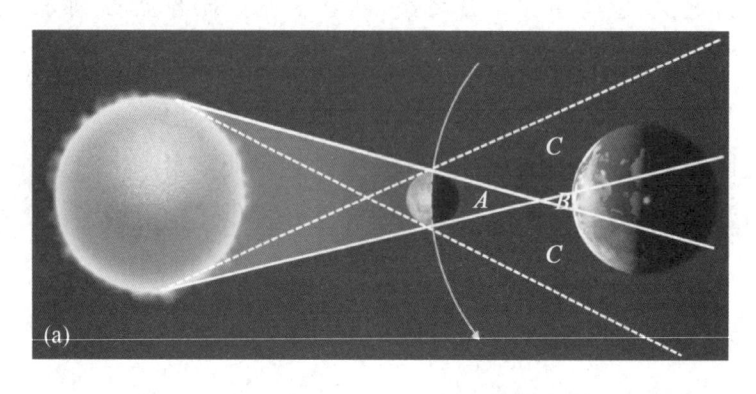

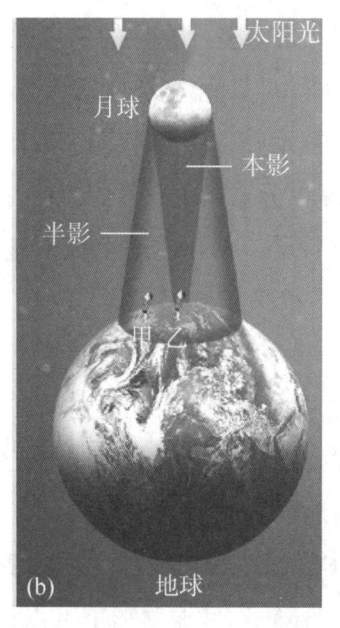

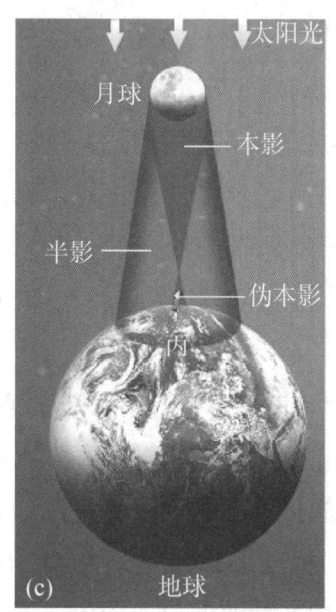

图 1.7.2　日食形成原理

## 怎么样才能看到日全食？

在日食问题中，我们更关心的是什么情况下会出现壮丽的日全食。

将月球到地球的距离近似看成常量，月球本影的长度与地月距离的关系决定了所出现的日食是日全食还是日环食，如果月球本影的长度大于地月距离，则出现日全食，如果月球本影的长度小于地月距离，则出现日环食。因此，问题的关键在于探讨月球本影的长度。

现在我们先把太阳、地球、月球这三者组成的系统抽象为基本的平面图形，再利用简单的几何知识来探讨一下日全食发生的条件。

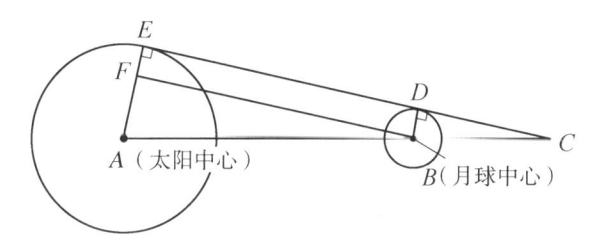

图 1.7.3 月球本影长度的求解

如图 1.7.3 所示，点 $A$ 为太阳中心，点 $B$ 为月球中心，直线 $ED$ 为两圆的共同切线，$ED$ 与 $AB$ 相交于 $C$，则 $BC$ 为月球本影的长度。过点 $B$ 作 $CE$ 的平行线交 $\odot A$ 半径 $AE$ 于点 $F$，可以由"两个角对应相等"的判定得到 $\triangle ABF$ 相似于 $\triangle BCD$，则

$$\frac{AB}{BC} = \frac{AF}{BD} = \frac{AE-FE}{BD},$$

即有

$$BC = \frac{AB}{AE-FE} \times BD。$$

代入已知的数据，$AE = R_{太阳} = 696\,000$ 千米，$FE = BD = R_{月球} = 1\,738$ 千米，可得 $BC = \dfrac{AB}{399.46}$ 千米。

由此可知，月球本影的长度（记为 $l_{月本影}$，$l_{月本影} = BC$）与日月距离（记为 $d_{日月}$，

$d_{日月}=AB$)成正比。也就是说,只要知道某一天有日食现象出现,我们便可以由具体日期得到当时的地日距离(记为 $d_{地日}$)与地月距离(记为 $d_{地月}$),从而算出当天日食是日全食还是日环食[①]。假设已知 7 月 1 日会发生日食,我们还知道,这一天地球处于远日点,当月球处于近地点时(太阳、月球在地球的同一侧),日月距离最大,月球本影最长。此时,$d_{地日} \approx 152\ 100\ 000$ 千米,$d_{地月} \approx 356\ 800$ 千米,则可算得 $l_{月本影} \approx 379\ 871$ 千米。月球中心到地球表面的距离 $d = d_{地月} - R_{地球} = (356\ 800 - 6\ 378)$ 千米 $= 350\ 422$ 千米,因为 $d < l_{月本影}$,所以当天发生的应为日全食。

如图 1.7.4 所示,我们还可以估算日全食的可见区域的大小,即月球本影投在地面上的范围。首先,从图上我们可以看出 $AH = l_{月本影} - d = (379\ 871 - 350\ 422)$ 千米 $= 29\ 449$ 千米,我们近似将 $DE$ 长度视为月球直径,将 $BC$ 长度视为月球本影投在地面上的范围直径,这两个估算值都比实际数值稍小一些。在此基础上,我们根据 $\triangle ABC$ 与 $\triangle ADE$ 相似,可得 $\dfrac{BC}{DE} = \dfrac{AH}{l_{月本影}}$,最后可算出月球本影投在地面上的范围,其直径 $BC = DE \cdot \dfrac{AH}{l_{月本影}} = 2R_{月球} \cdot \dfrac{AH}{l_{月本影}} = (2 \times 1\ 738 \times 29\ 449 \div 379\ 871)$ 千米 $\approx 270$ 千米。

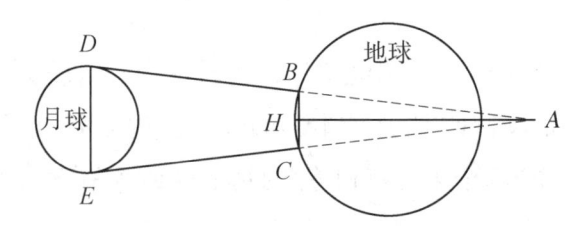

图 1.7.4 月球本影投射在地球上的面积

现在我们再一次假设 1 月 2 日会发生日食,这一天地球处于近日点,地日距离最短,当月球处于远地点时,日月距离最小,月球本影最短。此时,$d_{地日} \approx 147\ 100\ 000$ 千米,$d_{地月} \approx 406\ 900$ 千米,你能否在这些条件下算出当天发生的日食到底是日全食还是日环食呢?日全食或日环食的可见范围又是多大呢?

同理,我们其实也可以用上面的方法讨论地球的影子,也就是月食的情形,有兴

---

[①] 张元东. 星体与数学:中学数学在天文中的应用[M]. 北京:人民教育出版社,1984:25—28.

趣的读者可以自己试着做一做。

## 日月食的时间预测

由于地球绕太阳和月亮绕地球的公转运动都有周期性,日食和月食的出现也具有周期性。

早在古代,巴比伦人就根据对日食和月食的长期记录,发现日食和月食的出现有一个 223 个朔望月的周期。这 223 个朔望月的周期被称为"沙罗周期"("沙罗"就是重复的意思)。223 个朔望月有 6 585.2 天,如果这段时间内有 4 个闰年,那就是 18 年加 11.2 天,如果有 5 个闰年,那就是 18 年加 10.2 天。在这段时间内,太阳、月亮和黄白交点的相对位置不断变化,而经过一个沙罗周期之后,太阳、月亮和黄白交点差不多又回到原来的相对位置,因此便会出现同上一次情况相类似的日、月食,但见食的地点会有所变化,这里就不再细述了。

我们可以根据沙罗周期预测未来出现日食的时间,例如 2016 年 3 月 9 日在中国大部分地方都看到了日全食,那么我们可以推测 2034 年 3 月 20 日左右也会出现日食,至于这次能否在中国范围内看到日全食,就不是这个预测方法能准确告诉我们的了。

我国汉代也发现,发生日、月食的周期为 135 个朔望月。135 个朔望月有 3 986.6 天,约为 11 年少 31 天,也就是说日、月食每过 11 年少 31 天重复发生一次。这个循环周期记载在汉代的《三统历》中,因此也称为"三统历周期"。

此外,人们发现日、月食还有其他的循环周期,比如以 358 个朔望月(约 29 年)为周期的纽康周期,以 235 个朔望月(约 19 年)为周期的米顿周期,等等,但这些周期都是非常粗略的,只能粗略地推算出日、月食发生的日期,并不能确定日、月食发生的准确时刻、食分的大小和见食的地区。准确的日、月食发生的时间以及交食情况,需要经过严密的推算,这已经属于相当专业的历书天文学中"食论"的研究范围了。我国紫金山天文台就担负着日、月食预报的工作。

# 第二章　太阳系的奥秘

## 2.1　太阳离我们有多远？

正如我们总是想知道天有多高一般，测量天体间的距离从古至今一直吸引着广大天文学家与天文爱好者。天文学家与数学家也在不断努力探寻着更精确的测量方法。前面几节我们提到地日距离与地月距离，那么两者都是怎么测出来的呢？

目前测量月亮离我们多远的最好方法是激光测距或光波测距。这种方法操作简捷，只需向月球发射一束激光（或者无线光波），再测算其从发射到返回所用的时间 $\Delta t$，再根据 $S = \frac{1}{2} c \Delta t$ 就能计算出目标天体与地球之间的距离了。由此我们便可以得到月球到地球的平均距离，约为 384 400 千米。

但是这种方法的缺陷很快就暴露出来了：对于太阳这类没有固体表面的天体，光波无法有效返回，且对于距离太远的目标，光波往返途中衰减得厉害。那么地球到太阳的距离怎么测呢？其实天文学家早已找到了不少测量日地距离的方法，其中古老的三角测量法是最简单的，也是适用于对较近恒星测距的方法。1.2 节提到的三角网法也是在三角测量法的基础上构建起来的。

三角测量法最初用于测量地面上远处目标的距离。我们先看这样一个问题：

如图 2.1.1 所示，在无法过河的前提下，怎么测量河对岸点 $A$ 到观察者所在的点 $B$ 之间的距离？

我们可以选取与点 $B$ 同侧的另一点 $C$，连接 $AB$、$BC$、$CA$，形成 $\triangle ABC$，此时我们要求 $AB$ 边的长度，只需要测出 $BC$ 的长度，$\angle B$ 和 $\angle C$ 的度数（$\angle A$ 的度数可根据三角形内角和求得），根据全等三

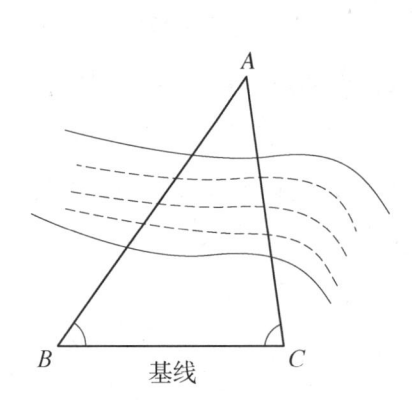

图 2.1.1　用三角测量法测量 $A$ 到 $B$ 的距离

角形判定 ASA，我们可以确定该三角形是唯一的，利用正弦定理 $\dfrac{BC}{\sin A} = \dfrac{AB}{\sin C}$，即可求解出 $AB = \dfrac{\sin C}{\sin A} \cdot BC$（公式 2.1.1）。

这便是三角测量法原理，我们先设置一条"基线"，其长度是已知的或可测量的，然后在基线的两端分别测量目标所在方向的角度。这样，两条不同角度的视线就和基线共同构成了一个三角形。根据已知的基线长度和测得的两个角度，运用三角函数知识，就可以算出目标的距离了。

## 三角测量法为何叫三角视差法？

天文上便是采用这个方法来测量地日距离的，这个方法又被称为三角视差法。其中基线所对的三角形内角（图 2.1.1 中的 ∠A）称为视差，也就是说视差是一个角度。那么为何将其称为视差呢？其实这起源于我们眼睛看物体的视差，我们可以一起做个实验。

现在，请伸出你的左手食指放在你的面前，与你的目光持平，竖直地立在你的眼睛与书之间，大约在你的眼前 20 厘米以内。眼睛看着书本，这时你会看到食指仿佛变成了两个。如果你在书本和双眼间前后移动食指，你会发现当食指离自己近的时候，食指的两个像之间分得比较开，而食指离自己远的时候，两个像就会慢慢聚拢，最后变成一个像。现在闭上你的左眼，用右眼看面前的食指，再闭上右眼，用你的左眼看食指，交替睁闭左右眼，你便会发现，两只眼睛看到的食指相对于背景的位置是不同的。

你看到一个食指的两个像，这显然不是因为食指会分身术，而是大脑的一种错觉。这种错觉又被叫做"视差"，即在不同地点观察同一物体所引起的物体位置变化的现象。在上面的食指实验里，我们发现食指视差的大小和它到我们的距离是有关的。离得近，两个像就分得比较开，我们称此时的视差比较大；离得远，两个像就比较靠近，视差就比较小。所以目标物体到我们的距离就与视差密切相关。

注意到这个细节后，科学家们试着将其应用于测量天体到地球的距离。然而，要想知道确切的距离，而不是含糊的"离得远"或者"离得近"，那之前用来描述视差的

"分得开"和"靠得近"就显得不够精确了。我们画张图来看，如图 2.1.2 所示，离得近的时候，物体对两眼的张角就大，离得远的时候，物体对两眼的张角就小，这和我们对视差的体验是一样的。

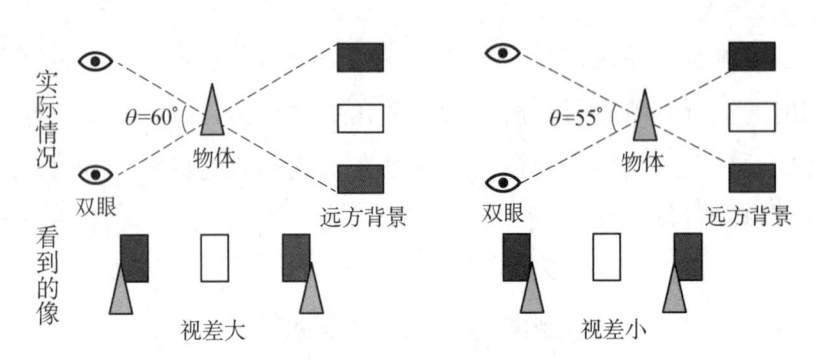

图 2.1.2　视差与物体对双眼张角

于是科学家用图中的 $\theta$ 角来定义视差的大小（注：出于计算简便，实际上用的是 $\theta$ 角的一半，下一节会进一步说明，目前这对于我们理解概念没有影响）。由此，视差不再是一个模糊的概念，而是可以用角度来度量的精确概念了。同时，在图中运用我们前面所说的三角测量法，在已知两眼间距的情况下，就可以得出物体到双眼的距离和 $\theta$ 角的关系了。

我们可以将你的左眼设想成宇宙中的一个位置，将右眼设想成另一个位置，将食指设想成你所要测距的某物体，由此得到一个模型，天文学家就是用这个模型测量天体间的距离的。由此可见，天文学其实不像大多数人所想的那么遥远，它的起点、灵感、概念，还有量化方式，都和生活息息相关。

由公式 2.1.1 我们知道，要求解距离，必须知道两个角度与一个长度，而"基线"是我们任意选取的，因此只要我们选择合适的"基线"便可以简化运算。如图 2.1.3 所示，

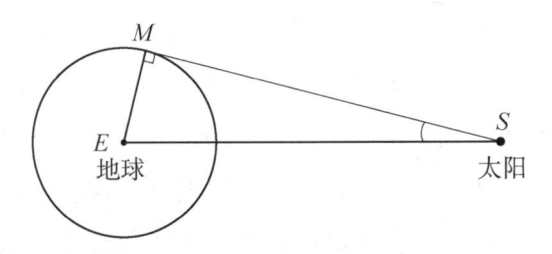

图 2.1.3　测量地日距离

我们在日出或日落时进行测量,那么公式便可以简化为:

$$SE = \frac{\sin M}{\sin S} \cdot ME = \frac{ME}{\sin S}(\sin M = \sin 90° = 1)。$$

其中 $ME$ 为地球半径,上一章我们测出地球半径,这里只要测出太阳的视差即可。若 $M$ 点为赤道上的一点,那么我们选取赤道半径 6 378 千米,此时相应的视差为太阳的赤道地平视差,可测得该角度约为 8.8″,利用计算器解得 $SE \approx 149\,500\,000$ 千米。

因为地日距离是动态变化的,所以我们得到的这个数值其实是地日平均距离。事实上,如果我们纵观历史,就会发现数学家与天文学家在推算地日距离的征途上并不是一帆风顺的。

- 公元前 3 世纪,希腊的阿利斯塔克最早给出了对地日距离的估计,估测值为地球半径的 380～1 520 倍(现在的测量值大约为 23 000 倍)。
- 公元前 2 世纪,著名天文学家希帕恰斯曾根据三角视差法,推算地日距离大约为地球半径的 490 倍。
- 公元前 1 世纪,我们的祖先在《周髀算经》中给出了地日距离的算法,明确说明在相距各 1 000 里的三地,利用正午时测得的立杆影长,再假定地球是平面就可算出地日距离。
- 公元 2 世纪,天文学家托勒密将地日距离的估测值扩大至 1 210 个地球半径,这个数值一直保持到 16 世纪。
- 17 世纪,物理学家惠更斯(Christiaan Huygens,1629—1695 年)最先得到与今天的测量值最接近的数值,即地日距离大约为 24 000 个地球半径。
- 19 世纪,美国天文学会创始人西蒙·纽康(Simon Newcomb,1835—1909 年)在测量光行差的过程中给出了 8.8″的太阳视差值,与今天的 8.794 143″已经相差无几。

地日距离的测量值的精度随着科技的日新月异而不断提高,这些历史告诉我们,任何成功都是来之不易的,科学家们总在精益求精地逼近真相。

## 2.2 测量天文距离的"尺子"有哪些?

日常生活中,我们有许多测量长度或距离的单位。国际单位制中的长度单位有纳米、厘米、米、千米等,其他常见的长度单位还有寸、丈、英尺、英里,等等。这些长度单位中千米、海里(1 海里=1.852 千米)和英里(1 英里=4 海里)便是我们在地球上所用的最长的长度单位了,但在天体测量中它们就显得微不足道了。

我们上一节得出地球到太阳的距离大约为 149 500 000 千米,这是一个非常庞大的数值。上海磁悬浮列车是目前中国最快的高铁,最高时速 431 千米,可以想象,如果现在你开着这样一列特快高铁不断驶向太阳,那么需要大概 40 年(14 000 多天)才能到达。

图 2.2.1 上海磁悬浮列车

然而,在茫茫宇宙中地日距离只能算是很短的距离了,这也正是我们常用"天文数字"一词来形容数据巨大的原因。用千米丈量太阳系已是捉襟见肘,而我们还想丈量银河系等更大的宇宙空间,显然千米这个"尺子"是不够用的,我们需要更大的"尺子"才能有效地表示天体间的距离。这一节将向大家介绍天文学中常用的三种距离单位,即天文单位(AU)、光年(ly)和秒差距(pc)。

## 天文单位

天文学上,我们一般把地球到太阳的平均距离规定为1个天文单位,它可作为我们测量宇宙的一把"尺子",尤其适用于测量太阳系内各天体间的距离。木星到太阳的距离大概是地球到太阳距离的5.2倍,即木星到太阳的距离为5.2天文单位(5.2 AU)。同理,太阳系内各行星到太阳的距离以AU为单位可表示如下:

| 行星 | 水星 | 金星 | 地球 | 火星 | 木星 | 土星 | 天王星 | 海王星 |
| --- | --- | --- | --- | --- | --- | --- | --- | --- |
| 到太阳的距离（单位：AU） | 0.387 | 0.723 | 1.000 | 1.524 | 5.205 | 9.576 | 19.280 | 30.130 |

2012年第28届国际天文学联合会大会在北京召开,大会全票通过有关重新定义天文单位的决议,将天文单位规定为149 597 870 700米。自此以后,天文单位成了一个定值,对于普通大众而言,地日距离究竟是149 597 870 700米还是一个随时会改变的数值,都无关紧要,但对于专业的天文学家来说是具有重要意义的。

## 光年与秒差距

在我们看来,天文单位已经很大了,但这仅仅局限于太阳系内,如果要丈量太阳到其他恒星的距离,这样的单位仍然是不够的。就拿离我们最近的一颗恒星半人马星座的比邻星(一颗肉眼无法看到的暗红色恒星)来说,它与太阳之间的距离为260 000天文单位。它是离我们最近的恒星,其他恒星的距离要远得多。因此,天文学家引入了更大的长度单位——光年及秒差距。

"光年"与"年"不同,它并不是时间单位,而是长度单位,表示光一年内在真空中传播的距离。我们都知道,光速是世界上最快的速度,连光都要传播整整一年的距离到底有多远呢？太阳光从太阳出发传播到地球只需要8分钟,因此1光年相对于1天文单位,正如1年(525 600分钟)相对于8分钟。光年与天文单位、千米的换算关系为：1光年 = 63 241天文单位 = $9.46 \times 10^{12}$千米。

天文中更大的也是来源最复杂的单位是秒差距。它与光年、天文单位、千米的换算关系为：1 秒差距 ＝ 3.26 光年 ＝ 206 265 天文单位 ＝ 3.08×10$^{13}$ 千米。

在介绍秒差距之前，我们要回顾一下上一节是如何测量地日距离的，因为秒差距的概念是建立在用三角视差法测恒星距离的基础上的。

## 秒差距与天文单位的比较

现在，我们要来测量更远的恒星的距离了，所用的测量方法还是三角视差法。上一节中，我们测量地日距离时是以地球的半径作为测量"基线"，从而得到地日距离是地球半径的多少倍。

但是，我们很难在地球上寻找一条基线直接测量出某恒星到地球的距离，因为地球太小，相对于恒星到地球的距离，地球上的基线长度约等于零，如图 2.2.2 所示，这样测量出的距离误差是比较大的。因此，我们需要寻找更长的基线，而太阳与地球之间的距离便是较为合适的基线。

图 2.2.2　视差与秒差距

如图 2.2.3 所示，对于待测的恒星我们要在相隔半年的时间里先后各测一次（将地球绕太阳运行的轨道视为圆，当地球分别位于轨道直径两端时各测一次），这样就能算出较近恒星的距离了。距离在几百光年之内的恒星，用这种方法测量的结果是相当准确的。

我们知道，以地球公转轨道的平均半径 $R$（$R$ ＝ 1 AU）为基线的话，该边所对应的三角形内角 $\theta$ 称为周年视差。所谓秒差距，就是如果恒星的周年视差是 $1''$，那么它就距离我们 1 秒差距，即恒星到地球的距离与视差之间存在如下关系：

$$D = \frac{R}{\sin \theta} \text{（公式 2.2.1）},$$

当 $R$ ＝ 1 AU 时，我们可以将其简化为

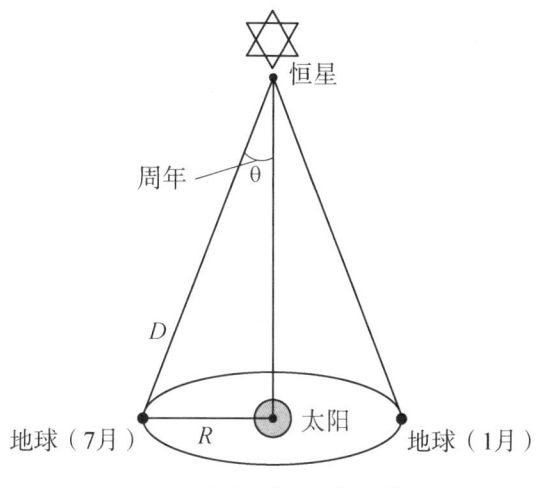

图 2.2.3 恒星周年视差

$$D = \frac{1}{\sin \theta} \text{（公式 2.2.2）}，$$

又由于此时的 $\theta$ 都是以角秒为单位的，非常小，而 $y = \sin x$ 在 $x$ 趋向于 0 时，近似有 $y = x$，即当角度足够小时，$\sin x \approx x$，因此我们可以将上式简写为：

$$D = \frac{1}{\theta} \text{（公式 2.2.3）}。$$

在数学上，公式 2.2.2 是精确的关系式，而公式 2.2.3 只是一个近似结果，原本应该用"≈"号连接，但在天文学或物理学中，我们需要的是一个方便又不失精确度的结果，因此在一定精确度范围内，可用公式 2.2.3 来简化计算。还需要说明的是，公式 2.2.2 右侧分式的分子用的是天文单位，分母的单位是 1，所以得到的 $D$ 的单位是天文单位；若规定 $\theta = 1''$ 时，$D = 1 \text{ pc}$，则 $1 \text{ pc} = \frac{1}{\sin 1''} \text{AU} \approx 206\,265 \text{ AU}$。另外在推导公式 2.2.3 的过程中所用到的 $\sin x \approx x$ 只有在弧度制下才成立；我们根据 2.2.3 式也可推导出秒差距与天文单位的换算关系，$\theta = 1'' = \frac{1}{3\,600} \times \frac{\pi}{180} \text{ rad}$，$1 \text{ pc} = \frac{3\,600 \times 180}{\pi} \text{AU} \approx 206\,369 \text{ AU}$，这与根据公式 2.2.2 得到的结果相近。撇开推导过程，公式 2.2.3 可以这么理解：若 $\theta$ 是以角秒为单位的视差，那所得的 $D$ 是以秒差距

第二章　太阳系的奥秘　39

为单位的恒星到地球的距离。例如,比邻星的视差为 $0.772''$,那么,利用 $D=\dfrac{1}{\theta}$,可以很容易地算出这颗恒星到地球的距离为 1.295 秒差距。同理,我们还可以测出天狼星距离我们 2.650 秒差距(8.6 光年),织女星距离我们 7.752 秒差距(25.3 光年)等。

## 秒差距与光年的比较

或许有人会问,既然秒差距与光年那么接近,相差才 3 倍多,为何不用其中一个就好呢?这个问题并不难回答,因为这两个单位有各自的优点。

秒差距的优点在于方便运算,因为我们很容易测出恒星视差,而视差(以角秒为单位)取倒数就可以转化为以秒差距为单位的距离,因此天文学家更喜欢用秒差距描述恒星间的距离。

光年的最大优点在于易于理解,相比而言它更形象。如果说天狼星距离我们 2.650 秒差距,我们或许没什么概念,但如果说天狼星距离我们 8.6 光年,我们便知道,天狼星的光从出发到抵达地球用了 8.6 年,换句话说我们现在看到的天狼星并不是现在的天狼星,而是 8.6 年前的天狼星。又如我们熟悉的牛郎星与织女星,它们并没有我们想象中的那么近,它们之间的距离足足有 16 光年,即"牛郎"如果要见到"织女",以光速前进都要用 16 年才能到达!再看北极星,它与地球之间的距离超过 400 光年,我们可以想象,早在 400 多年前的明清时期,北极星就发出了一束光"驶往"地球,可是,直到今天它才到达目的地。

对于一些距离我们较近的恒星,光年与秒差距便够用了。若用千米表示这些距离,那么上述数字都需要乘上 30 万亿倍!然而,宇宙何其浩渺,这两个单位对于天文学家来说还是杯水车薪,于是他们在秒差距的基础上又定义了千秒差距,即 1 千秒差距=1 000 秒差距=30 860 万亿千米。这样我们就可以用千秒差距来描述银河系的直径,其大小约为 30 千秒差距。

随着研究的深入,很快千秒差距还是不够用了,于是天文学家不得不引入兆秒差距(又称为百万秒差距),即 1 兆秒差距=1 000 000 秒差距。这个距离到底有多长呢?那简直超乎我们的想象,为了让读者更好地理解,我们不妨打个比方:从上海到广州,如果用世界上最细的蜘蛛丝连起来,大概也就需要 20 克(一张 A4 纸约 70 克)

的蜘蛛丝；从地球到月球若用相同的蜘蛛丝连起来，所需蜘蛛丝不超过 6 千克；从地球到太阳则需要 2 吨的蜘蛛丝；1 兆秒差距的长度所需要的蜘蛛丝重量足足有 4 000 亿吨！

所以，有了兆秒差距这个单位，目前的天文测量基本不成问题了。不过未来是否还需要更大的长度单位呢？就让我们一起拭目以待吧，或许在不久的将来你会为此做出自己的贡献呢！

## 2.3 什么是荧惑之星大冲？

什么是荧惑之星？很多人会感到好奇，荧惑之星指的其实是火星，这一名称源自我们古书上的记载，因为火星荧荧如火，亮度和位置经常变动，所以我们古人将它称为"荧惑星"，古罗马人则称火星为"战神马尔斯星"。

那什么又是荧惑之星大冲？火星与地球、太阳在同一直线上且火星和太阳位于地球异侧，这种天文现象称为"火星冲日"，冲日时火星整夜可见，此时是观测火星的大好时机。在上述条件下，当火星位于近日点附近，地球位于远日点附近，火星与地球之间的距离最近，从地球上看火星也最明亮，我们称其为"火星大冲"。火星每隔 15 年才会发生一次大冲，为什么是每隔 15 年呢？

我们都知道地球公转周期是 1 年，而火星的公转周期约 1.88 年，比地球公转 2 周的时间少了约 43 天。有的读者可能会想，如果假设火星的公转周期是地球公转周期的两倍，即地球公转 2 周，火星公转 1 周，那我们不是每隔 2 年就可以看到一次火星大冲？这种粗略的估算只适用于判断火星、地球的相对位置，即我们可以认为每隔两年，火星、地球回到原来的相对位置（火星与地球、太阳在同一直线上且火星和太阳位于地球异侧），发生火星冲日现象。但发生火星大冲的条件比发生火星冲日的条件更为苛刻。

实际上，地球和火星最近时，火星在近日点，地球在远日点，等到下一次火星出现在近日点且地球出现在远日点，火星和地球都公转了整数圈。因此，设地球公转 $x$ 周回到远日点时，火星恰好公转 $y$ 周回到近日点，由此可以列出以下方程：

$$x = 1.88y,$$

我们现在要解出 $x$ 与 $y$ 的整数比,即:

$$\frac{x}{y} = \frac{188}{100} = \frac{47}{25},$$

但这并不是一个好的比值,因为分子、分母的两个整数稍微有点大,我们根据上式取一个最为近似的且整数大小合适的比值。这里可以应用1.5节提到的连分数,把上式右边的分数化成连分数的形式,即:

$$\frac{x}{y} = \frac{47}{25} = 1 + \frac{22}{25} = 1 + \frac{1}{\frac{25}{22}} = 1 + \frac{1}{1 + \frac{3}{22}} = 1 + \frac{1}{1 + \frac{1}{\frac{22}{3}}} = 1 + \frac{1}{1 + \frac{1}{7 + \frac{1}{3}}},$$

我们只需要取到第3级,可得

$$\frac{x}{y} \approx 1 + \frac{1}{1 + \frac{1}{7}} = \frac{15}{8}。$$

从以上的结果可以看出,地球公转15周,火星公转8周,地球与火星再次相距最近,所以火星大冲大概每隔15年就会发生一次。图2.3.1展示了从1990年至2005年期间发生的火星冲日和火星大冲现象。2003年8月29日凌晨2时发生火星大冲,这时橙红色的火星是一颗高悬夜空的耀眼"明星"。太阳一落山,火星就从东南方向升起,直到第二天早晨太阳从地平线上升起时,它才慢慢从西边落下。过了15年,2018年7月28日凌晨,"火星大冲"再次出现,并且遇上21世纪以来历时最长月全食(持续近104分钟),"红火星"邂逅"红月亮"(如图2.3.2)。

我们能不能用同样的方法推测其他行星大冲的周期呢? 例如木星,假设地球每公转 $x'$ 周,木星每公转 $y'$ 周,木星发生一次大冲,已知木星公转周期为11.86年,则:

$$\frac{x'}{y'} = 11.86 = 11\frac{43}{50} = 11 + \frac{1}{1 + \frac{1}{6 + \frac{1}{7}}},$$

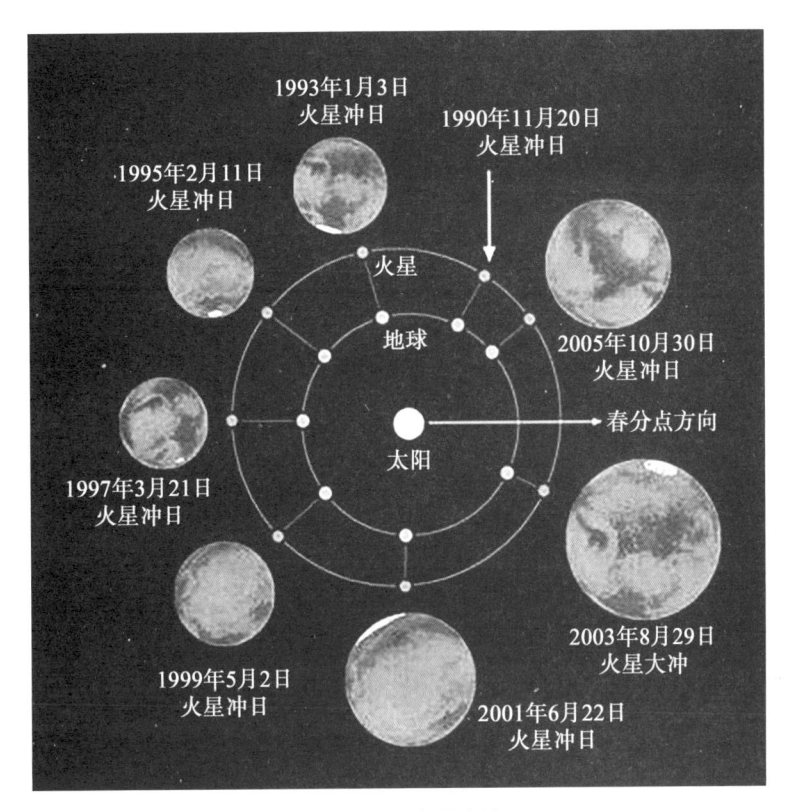

图 2.3.1 火星大冲

图 2.3.2 火星大冲与月全食

取到第 3 级,得到近似值为 $\frac{83}{7}$,即每 83 年出现一次木星大冲,这时地球与木星相距最近,木星最明亮。根据相关记载,木星在 2014 年的时候出现过一次大冲,这时木星、地球的相对位置如图 2.3.3 所示,由此我们可以推算出下一次木星大冲的时间是 2097 年。

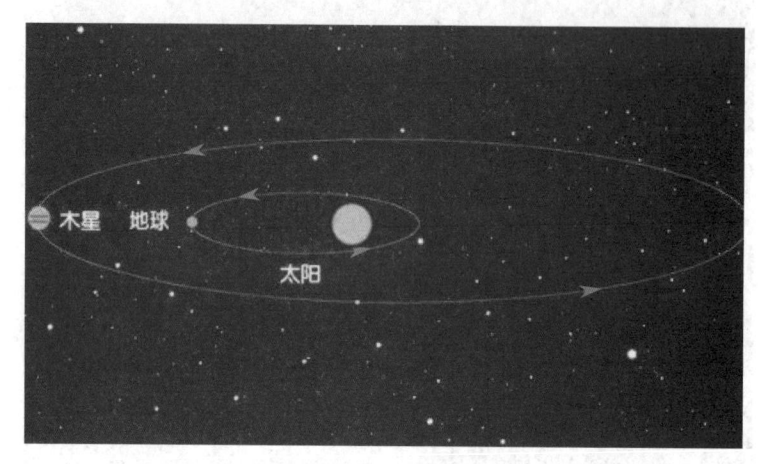

图 2.3.3　木星大冲

用类似的方法,你能不能算出其他行星大冲的周期呢?动手试试看吧!

## 2.4　谷神星与数学运算定律有什么关系?

有这么一句耳熟能详的话"学好数理化,走遍天下都不怕"。数学是一门基础学科,它能揭示事物之间数量方面的关系,甚至有科学家通过数学运算发现一颗小行星的运行轨道,进而发现这颗小行星。

究竟是哪颗小行星这么神奇呢?这颗小行星就是谷神星(如图 2.4.1)。谷神星位于火星和木星之间的小行星带中,它的发现过程又是怎么样的呢?谷神星与数学运算定律有什么关系?

在 1766 年的德国,一位名叫提丢斯(Johann Titius,1729—1796 年)的中学老

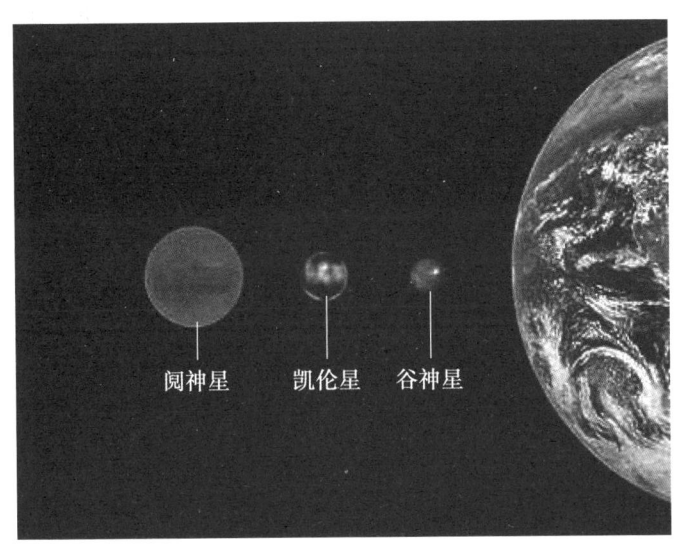

图 2.4.1　谷神星与地球及另两颗小行星的比较

师,对"3,6,12,24,48,96,192……"这个数列情有独钟,经常对它进行一些调整。

有一天,他在上面这个数列前面加上一项 0,将其变成:

$$0, 3, 6, 12, 24, 48, 96, 192……$$

然后再把每个数字都加上 4,就得到了下面的数列:

$$4, 7, 10, 16, 28, 52, 100, 196……$$

之后再把每个数都除以 10,得到:

$$0.4, 0.7, 1, 1.6, 2.8, 5.2, 10, 19.6……$$

令提丢斯感到惊奇的是,他发现这个数列的每一项与当时已知的六大行星(水星、金星、地球、火星、木星、土星)到太阳的相对距离有着一定的关联。2.2 节讨论天文单位时,我们曾列出太阳系内各行星到太阳的距离,为方便起见,这里再次给出包括地球在内的六大行星到太阳的距离,如下表。读者们,观察以上数列与表中行星到太阳的距离,你有什么重大发现呢？由此你又能做出什么猜想呢？

| 行星 | 水星 | 金星 | 地球 | 火星 | 木星 | 土星 |
| --- | --- | --- | --- | --- | --- | --- |
| 到太阳的距离（单位:AU） | 0.387 | 0.723 | 1.000 | 1.524 | 5.205 | 9.576 |

提丢斯有一个天文学家朋友叫波得(Johann Bode，1747—1826 年)，后者在看到他的发现后也感到很惊讶，深知这一发现的重要意义。波得于 1772 年发表了提丢斯的这一发现，它在当时引起了其他天文学家的注意，并被称为"提丢斯—波得定则"。

1781 年，威廉·赫歇尔(Wilhelm Herschel，1738—1822 年)在数列的第 8 项——距离太阳 19.6 个天文单位的位置上发现了天王星。根据这一定则，在数列的第 5 项——距离太阳 2.8 个天文单位的位置上也应该有一颗行星，只是还没有被发现。于是，许多天文学家和天文爱好者以极大的热情，踏上了寻找这颗新行星的征程。

1801 年新年的晚上，意大利天文学家皮亚齐(Giuseppe Piazzi，1746—1826 年)聚精会神地观察着星空。突然，他从望远镜里发现了一颗非常小的星星，这颗小星星正好在"提丢斯—波得定则"所揭示的第 5 项的位置上。可是天有不测风云，当皮亚齐想进一步观察这颗小星星时，他却病倒了。等到他大病初愈，试图再次寻找这颗小星星时，它却不知去向。但皮亚齐没有放弃寻找这颗小星星，他认为这可能就是人们一直没有发现的那颗行星，并把它命名为"谷神星"(如图 2.4.2)。

**图 2.4.2　谷神星**

不同的天文学家对皮亚齐的发现持有不同的看法，有的人赞同皮亚齐，也有人认为这可能是一颗彗星，不然的话，为什么它只露了一面就不见了呢？几个月过去了，天文学家们还是没有得到一个让人信服的结论。这场争论却引起了德国数学家高斯(Gauss，1777—1855 年)的关注。高斯在想，既然天文学家们通过观察找不到谷神星,那么,能否通过数学方法找到它呢?许多天文学家认为高斯的这一想法异想天开。天文学家们都找不到谷神星,难道高斯还能把它算出来吗?朋友们也劝他不要浪费时间,不必将自己的聪明才智浪费在这一毫无希望的问题上。

高斯是位很有个性的数学家。在他看来,数学和天文学是息息相关的。一个人如果没有扎实的数学基础是不可能成为出色的天文学家的。在天文学发展历程中,数学发挥着重要作用。开普勒(Johannes Kepler,1571—1630年)发现行星运动的三大定律,正是凭借着自己的数学天赋。牛顿(Isaac Newton,1643—1727年)发现万有引力定律,也是依靠着他渊博的数学知识。在高斯之前,著名数学家欧拉(Leonhard Euler,1707—1783年)曾经研究出了一种计算行星轨道的方法。可是,这个方法太麻烦。高斯决心去寻找一种简便易行的方法。在前人的基础上,高斯经过艰苦的运算,以其卓越的数学才能创立了一种崭新的行星轨道计算理论。他根据皮亚齐的观测资料,利用这种方法,只用一个小时就算出了谷神星的轨道形状,并指出它将于何时出现在天空的哪一片区域。

1802年元旦前夕,德国一位名叫奥伯斯(Wilhelm Olbers,1758—1840年)的天文爱好者,对谷神星很感兴趣。在高斯预言的时间里,他用望远镜对准了这片天空。不出所料,谷神星再次出现了!这证明高斯的计算方法是正确的。高斯用笔尖找到的这颗行星,在隐藏了整整一年后,成为人类最好的新年礼物。这一礼物向人们展示了数学在科学研究中的巨大贡献。

## 2.5 海王星是如何被算出来的?

当意大利的天文学家伽利略(Galileo Galilei,1564—1642年)第一次听到有人发明出望远镜的消息,他马上意识到它对天文学的重要性,于是自己动手研制了一架望远镜,并首次把望远镜指向神秘的星空,天文望远镜也由此诞生。自古以来,肉眼容易见到的大行星有水星、金星、火星、木星、土星;如果算上地球自身,人们所熟知的大行星有6个。借助天文望远镜,人们对太空的探索更加深入了,太阳系的范围也得以扩展。

图 2.5.1　伽利略与伽利略望远镜

  1609 年的一个晴朗无云的夜晚，伽利略用望远镜对准月亮。他在望远镜中看到月球表面有峻峭的山峰，蜿蜒曲折，如同地球上的山脉，而平常肉眼所看到的月球表面阴影处，原来是一望无际的平地。伽利略兴奋地绘制了第一幅月面图。接着，伽利略又发现了木星卫星、太阳黑子等。此后，望远镜的研制迅猛发展，折射望远镜、反射望远镜、折反射望远镜相继诞生。其中第一架反射式望远镜由牛顿于 1668 年发明，现珍藏在英国皇家学会图书馆。

## 天王星的发现

  有着"恒星之父"美称的英国天文学家赫歇尔，一生研制数百架天文望远镜。1781 年 3 月 13 日，正当 43 岁的赫歇尔用自制的 15 厘米天文望远镜观测天空时，意外地在浩瀚群星中发现了一颗移动的小星星，他将其错认为是彗星。后来的天文学家对其进行观察，发现这竟然是一颗行星，并最终将其命名为天王星。

  天王星的英文名称 Uranus 来自古希腊神话中的天空之神乌拉诺斯，是克洛诺斯的父亲，宙斯的祖父。与自古就为人们所知的 5 颗行星（水星、金星、火星、木星、土星）不同，天王星虽然肉眼可见，但由于亮度较暗、绕行速度缓慢，并未被古代的观测者认定为一颗行星。当时人们只知天上有 5 颗行星，最远的是土星，距太阳约 $1.4\times10^9$ 千米，那是太阳系的疆界，所以土星也被称为"镇星"，镇守在太阳系的疆边，而后来发现的天王星距太阳约 $2.9\times10^9$ 千米，足足将太阳系的疆界扩展了一倍。

图 2.5.2　赫歇耳与天王星

### 开普勒和牛顿都错了吗?

天王星的发现引起了世人极大的关注,世界各国的天文学家都把天文望远镜对准天王星。在牛顿力学理论大厦建成的 100 年后,天文学家们试图用开普勒和牛顿的理论预测天王星的轨迹。

但是不久,法国天文学家布瓦德(Alexis Bouvard,1767—1843 年)发现,理论计算值与观测数据存在较大偏差,有时偏差角度竟高达 2′,它的实际轨道与根据牛顿理论所推算出的轨道并不一致,换句话说,天王星的运动是不守规矩的,它不老老实实在预定轨道上运动。当时,天文学家们经常根据"行星星历表"预报其他行星的运动,观测数据与预报数据都很相符。既然观测数据是可信的、无懈可击的,那么天王星"不安分"的原因是什么呢?经过多年的检验与计算,为何"调皮"的天王星就是不循着预定轨道呢?

这下,已平静 200 多年的天文界又哗然起来了,难道开普勒的"律法"、牛顿的定律都错了? 这对于当时把牛顿力学奉为理性的最高信条的天文学界而言无异于一颗重磅炸弹,究竟是天体力学的理论出了错,还是这颗小星星本身有问题? 这个谜团成为诸多天文学家倾注心力研究的对象。

大多数天文学家在反复研究后,认为在天王星轨迹之外可能还有一颗未知的行星,正是它在干扰(或影响)天王星的运动。德国数学家贝塞尔(Wilhelm Bessel,

1784—1846年)就曾预言天外行星的存在。行星运动主要取决于太阳与行星之间的万有引力,但还会受到其他行星引力的影响,导致其偏离预定轨道,这种偏离现象称为"摄动"。

于是,当时许多天文学家都把寻找天外"客人"作为重要的课题来研究,但是经过数十年的探索,仍一无所获。想想看,天王星距离太阳约29亿千米,绕太阳一周大约要84年,如果它的轨道外还有一颗行星,这颗行星距离太阳更远,运行周期也更长,那找起来真是大海捞针了。

19世纪中叶,根据开普勒等人的理论计算已知行星的摄动是不成问题的,但反过来,通过微小的摄动去推算那颗未知的行星,这其中有许多的未知数,简直无从下手。所以寻找这颗"调皮的行星"既像是争一个金钵,使人急不可待,又像是捉一只猛虎,叫人望而生畏。一时,整个天文界,都让这颗行星搅得心神不宁。

## 两位异国学者得出相同结论

从已知的天王星轨道偏差去反推一颗未知行星的性质、运行轨道以及它当时所在的位置,是一项相当困难的事情,那时大部分天文学家都不敢进行尝试,但困难只能阻碍一部分人,无法挡住所有人,仍然有锲而不舍的学者在为此而努力!

1841年7月,英国剑桥大学22岁的大学生亚当斯(John Adams,1819—1892年)在书店看书时,读到了格林尼治天文台台长艾里(George Airy,1801—1892年)关于天王星行动异常的报告。尚未毕业的亚当斯对这个问题产生了极大的兴趣,他在日记里写道:"天王星为什么行动失常?是否由于其外还有一颗未知的行星?我将努力去研究它!"

图2.5.3 亚当斯

他马上着手计算天王星的运行轨道,1843年末得出初步结论——天王星的不规则运动源自一颗未知行星,又经过两年的反复思考和计算,他推算出这颗行星的质量、运行轨道和当时的位置。这是一个爆炸性的结果。亚当斯马上将这一结论报告给艾里爵士,请求他用天文台的大型望远镜来观测这颗行星。也许是对年轻人不甚信任,也许是亚当斯的理论尚不能让人信服,总之这位台长只是向亚当斯写了封回信,而没有组织天文台研究人员进行观测。

比亚当斯大 8 岁的法国巴黎工科大学教师勒维耶(Urbain Leverrier,1811—1877 年)就幸运得多。1845 年,勒维耶也在紧张地对天王星的轨道运动进行推算和研究。他得出了和亚当斯一样的结论——天王星不规则的"越轨"现象是由一颗未知行星造成的,并且他也算出了这颗行星的位置。1846 年 8 月 31 日,他将自己的报告寄给德国柏林天文台的天文学家加勒(Johann Galle,1812—1910 年),报告自己的发现并请他进行观测。他在信中十分肯定地写道:"尊敬的加勒台长:请你在今天晚上,将望远镜对准摩羯座 δ 星之东约 5°的地方,你就会发现一颗新行星。它就是你日夜在寻找的那颗未知行星。它的圆面直径约 3″,以每天 69″的速度后退……"

敏锐的加勒对此十分重视,在接到信的 9 月 23 日晚上,立即组织人力,用天文台最好的望远镜对勒维耶预言的天区进行监测,并于第二天凌晨,在勒维耶所预言的位置以外 52′的地方发现了一颗星图上没有标注的暗星——那是一颗小小的蓝色星星。当天夜里,他们继续观测,又找到了这颗星星——它的位置后退了大约 70″。这一点微微的移动证明该天体不是一颗恒星。这回加勒台长跳了起来。那个陌生人竟预言得如此精准!大海里的针终于捞到了,加勒和助手们狂呼着拥抱在一起。几天后他们向全世界宣布:又一颗新行星被发现了!它就是海王星。

图 2.5.4　勒维耶(左)与加勒(右)

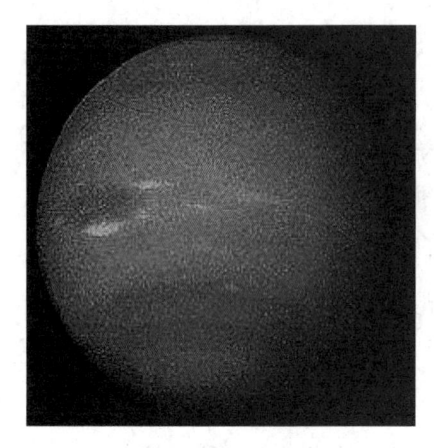

图 2.5.5 海王星

之后，加勒仔细地审阅了勒维耶的稿纸，看着那密密麻麻的公式和方程，这位老天文学家泪流满面。他冒着寒风在星空下观察了一辈子而不得其果，这个未出茅庐的小伙子却用一支笔将结果精算于帷幄之中。这让他不得不感叹，数学竟有如此伟大的神力！

这个太阳系新成员的发现震撼了世界。人类先是观察到一颗行星，然后通过天文学家的笔计算出另外一颗，这是对牛顿力学体系的又一验证。也就是说，海王星是根据理论预测出来的，它的发现反过来证明了行星运动理论的正确性。

亚当斯听说这一结果后，马上披露了自己的研究，声称自己在勒维耶之前就得出海王星的存在，只是他的研究文稿被艾里束之高阁。于是，海王星的发现优先权引起了英、法两国天文学界的激烈争论。最终，亚当斯的发现也被承认，英国皇家天文学会把两枚金质奖章分别授予勒维耶和亚当斯，来表彰他们各自的功绩。今天，海王星的两个主要光环被称为亚当斯环和勒维耶环。亚当斯获得了很高的荣誉——当时的英国科学界甚至称之为"除牛顿以外最伟大的数学天文学家"。

不过，在后期，历史学家发现并非艾里忽略了亚当斯的发现，而是亚当斯的计算有缺陷，艾里向其征求进一步的证实却未得到回复，因此搜索海王星的事情被耽搁。亚当斯本人在此事上也要负一定的责任。此外亚当斯的计算误差被证实比勒维耶稍大。亚当斯晚年在一篇论文中承认，半径误差"有时不容忽视"。

他们两人关于新行星的估算值如下表[①]：

|  | 实测值 | 勒维耶值 | 亚当斯值 |
| --- | --- | --- | --- |
| 半长径（单位：AU） | 30.066 7 | 36.163 9 | 37.247 4 |
| 偏心率 | 0.008 719 | 0.107 610 | 0.120 615 |
| 质量（单位：太阳质量） | 0.000 056 | 0.000 107 | 0.000 150 |

---

[①] 刘步林.数学在天文学中的运用[M].科学出版社，1979：100.

事实上，无论是天体质量还是轨道参数，亚当斯和勒维耶的计算都存在较大的误差。不过巧合的是，对海王星质量的高估与对其轨道半长径的高估，二者造成的影响在一定程度上被抵消，从而使得亚当斯和勒维耶的计算比较接近真实情形。即便如此，后来的分析表明，在海王星长达 165 年的漫长公转周期中，亚当斯和勒维耶的计算结果只同其中十余年时间里的实际轨道良好近似，而二人作出发现的 1840—1850 年正好是计算值与实际值良好近似的时段。从这个意义上讲，虽然海王星的发现是天体力学的一个伟大成就，但它在计算值误差范围内的地方被发现有一定的偶然性。

历史发现的是真相，不过我们应该明白的是，在那个没有计算机，没有高精度望远镜，甚至连精密星图都不是人人可得的年代，单凭纸笔对天上一颗星星的运行轨道进行计算，是十分复杂的事情。值得一提的是，关于发明优先权的争论并没有影响亚当斯和勒维耶的关系。1848 年亚当斯和勒维耶在伦敦相会，成为终身好友，并长期合作研究天体力学。

## 2.6 冥王星为什么被踢出"九大行星"？

要想知道冥王星为什么被踢出"九大行星"，我们首先得知道冥王星是怎么被发现的。"九大行星"是哪几颗行星呢？它们分别是水星、金星、地球、火星、木星、土星、天王星、海王星和最后才被我们发现的冥王星。太阳系行星如图 2.6.1 所示。

上一节提到，早在 19 世纪 40 年代，法国数学家、天文学家勒维耶运用经典力学分析天王星轨道的摄动后，推测天王星轨道外存在一颗行星并预测了其位置，不久，天文学家便在勒维耶预测的位置上发现了这颗行星，并将其命名为海王星。到了 19 世纪末，天文学家根据类似的方法对海王星进行观察，推测有其他行星使海王星的轨道产生摄动，但一直没有发现其行踪，暂且将其命名为 X 行星，意思是未知的行星。如果真的存在未知的新行星，那么探索和观测它都将是非常困难的事。为什么这么说呢？一是因为未知行星的引力对海王星的影响非常小，根据这么微小的干扰推算出这颗行星的位置是相当困难的；二是因为这颗未知行星很暗，要不然它早就被我们

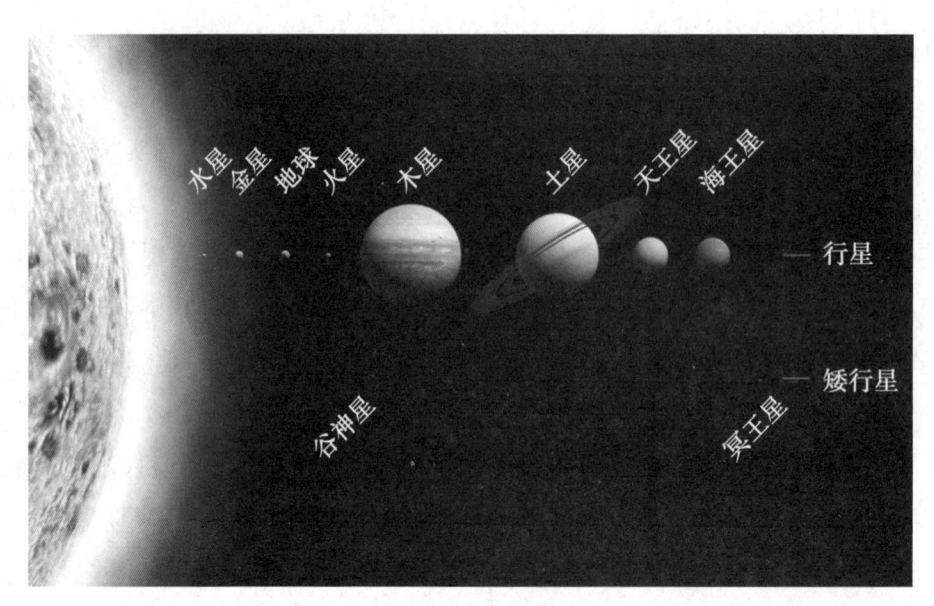

图 2.6.1 太阳系行星

发现了,观察海王星已经很困难,观察更外围的不发光星体就难上加难了。

即使发现新行星的希望很渺茫,在亚利桑那建立天文台的帕西瓦尔·罗威尔(Percival Lowell,1855—1916 年)也没有放弃。他计算出海王星以外的未知行星的轨道参数,然后和其他天文学家一起用天文望远镜来观察这颗未知行星。那他们采用什么方法观察呢?他们使用的是摄影方法,先拍下未知行星所在的星空的一组照片,几天之后,再对同一范围内的星空拍下另一组照片,对比两组照片,观察有没有哪颗星星改变了位置。如果没有,说明这些都是恒星;如果有,那么改变位置的星星就是行星。假如足够幸运的话,或许它就是天文学家要寻找的未知行星。

遗憾的是,罗威尔在 1916 年离开了人世,过了 14 年冥王星才被发现。1930 年,天文学家在照片中发现了一颗移动的星星,它移动的速度非常缓慢。到底有多慢呢?按照它这样的"龟速",绕太阳转一圈估计要 200 年以上。那么这个出现在双子座附近的神秘星星会不会是我们要找的未知行星呢?经过不断观察,天文学家们发现它的运动速度没有加快,这意味着新行星终于被发现了。1930 年 3 月 13 日,年仅 24 岁的克莱德·汤博(Clyde Tombaugh,1906—1997 年)宣布发现了新行星。

这一发现引起天文学界的轰动,天文学家们开始在旧照中寻找新行星被发现之前的运行轨迹,最早的照片可以追溯到 1919 年。通过这些照片,天文学家们推算出新行星绕太阳公转周期大约是 248 年，它与太阳的平均距离约为地日距离的 40 倍。新行星的运行轨道不仅是一个扁平的椭圆，偏心率比其他主要行星都要大，而且它的运行轨道与海王星的运行轨道"相交"（如图 2.6.2）。那么，这两颗遥远的行星会不会撞在一起呢？其实，这颗新行星的运行轨道和海王星的运行轨道并不在同一平面上，两颗行星之间的最短距离也有 3.66 亿千米，而且它们之间存在轨道共振（当冥王星接近海王星轨道时，轨道共振会使冥王星处在远离海王星的位置），所以它们是不会撞在一起的。

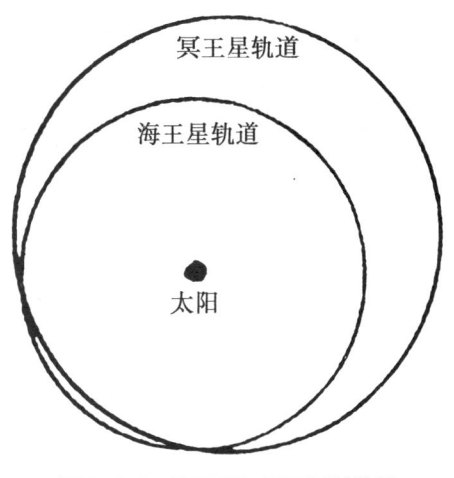

图 2.6.2　海王星与冥王星的轨道

发现新行星后要给新行星命名。这颗行星为什么叫冥王星呢？大概有不少读者对这个"冥王"感到好奇。"冥王星"(Pluto)的名字有两层含义，其中一层含义，即字面含义，指的是冥界之王，类似于中国神话中的阎王；另一层含义是纪念罗威尔，这个名字的前两个字母 PL 正好是 Percivol Lowell 的缩写，罗威尔用自己的财产建立了罗威尔天文台，冥王星是在这个天文台发现的。也有天文学家认为将其命名为"海后星"(Amphitrite)更好一些，其意为海王之妻，并建议将"冥王星"这个名字留给下一颗新发现的行星。

那冥王星的自身情况是怎样的呢？冥王星主要由岩石和冰组成；它的平均速度只有 4.7 千米/秒，它的自转周期为 6.39 天，自转轴相对于黄轴的倾斜角度高达 17°；它的质量很小，不足地球的 0.25%；它的直径只有 2 298 千米，比月球还小。冥王星不像相邻的大行星那样可以通过肉眼观察，我们如果想观察冥王星，就必须用大型天文望远镜。那冥王星到底离我们有多远呢？冥王星的近日点到太阳的距离约 30 AU（44 亿千米），其远日点到太阳的距离约 49 AU（73 亿千米），冥王星到太阳的平均距离约 40 AU。太空飞行器从地球出发，要飞 9 年半的时间才能拜访它。

2006 年 1 月 19 日，美国国家航空航天局发射空间探测器"新视野号"，2015 年 7 月探测器抵达冥王星并于 7 月 14 日传回一张冥王星的照片（如图 2.6.3）。从照片中可以看到一个心形的暗斑，宇航局行星科学主管则认为这是由氮气和一氧化氮或甲烷凝结成的雪。航空航天局将这个心形暗斑命名为"汤博"。这颗神秘天体的发现者

第二章　太阳系的奥秘

可能没有想到,85 年后他的骨灰会随着"新视野号"飞掠冥王星,他也在某种意义上成为离冥王星最近的人。

冥王星被发现之时,公认的行星的定义主要包含两点:一是围绕太阳运行;二是直径大于 1 000 千米。虽然冥王星的直径只有 2 298 千米,仅比这个标准大一点点,但是冥王星符合行星定义的两个要点,它也就自然而然地成为我们的第九大行星。

图 2.6.3 冥王星

随着科技的快速发展,到目前为止,天文学家们发现了至少 12 颗与冥王星类似的星体,有些星体甚至比冥王星还要大一些,既然冥王星是第九大行星,那它们为什么不能是第十大行星、第十一大行星……? 这时再把冥王星归为九大行星之一,就很牵强,因此在 2006 年的第 26 届国际天文学联合会上天文学家们对矮行星作出描述:

(1) 以一定的轨道围绕恒星运动;

(2) 自身有足够大的质量,能够依靠自身的重力作用使自身形状近似达到球形;

(3) 未能清除在近似轨道上的小天体;

(4) 不是行星的卫星或其他非恒星的天体。

冥王星符合以上 4 个要点,因此被归入了矮行星,从此太阳系九大行星就变成了八大行星。除冥王星外,谷神星、鸟神星和妊神星都属于矮行星。

现在你是不是理解了冥王星为什么被踢出"九大行星"? 虽然冥王星被"降级",但人们对它的热情不减。

# 第三章 宇宙定律的出现

## 3.1 开普勒如何为天空立法?

无论是"地心说"还是"日心说",它们都假设星体运行的轨迹是圆形的。这似乎是一个"公理",正如太阳与月亮看起来是圆形的一般,星体的运行轨迹似乎也应该是圆形的。早在公元前 4 世纪,古希腊的学者亚里士多德总结当时关于运动规律的认识时就认为,位移运动最基本的运动形态是"圆周运动与直线运动两种"。受宗教文化影响,在古人看来,天体的运动是完满的,而圆形就象征着完满,这种观念根深蒂固。

是谁打碎了这个"常识"?这个人就是开普勒,一位贡献卓越的天文学家,他发现了行星运动的三大定律,冲破了行星轨道是圆形的思想约束。我们不禁要发问了:身处地球上的人到底是怎么知道行星运行的真实轨迹的呢?我们已经知道,地球是绕太阳运动的,这就使问题变得更加复杂了,因为我们观察到的星体运动都会附带地球本身的运动。开普勒究竟是怎么得到他的结论的呢?开普勒当年也被这样一系列的问题困扰着,但他没有退缩也没有放弃,经过不断积累、思考和不懈钻研、观察,一个绝妙的方法孕育而生。

### $8'$ 的误差

在此之前,我们需要提到另一位天文学家第谷(Tycho Brahe,1546—1601 年),他是开普勒的老师,也是最后一位用肉眼观测星空的天文学家。1600 年,开普勒前往布拉格投靠第谷,二人从此开始了卓有成效的合作,成为科学史上一对声名远播的师徒。

第谷是认同地心说的,但他观察到的精密天文数据无法很好地支撑地心说,于是他试图调和托勒密的地心说与哥白尼的日心说,由此提出一个折中方案:除地球与围绕着它的月球外,其他行星都绕太阳运转,同时太阳率领众行星绕地球运转,地球静止不动。在《论天界新现象》一书中的,第谷给出了他所设想的宇宙模型示意图(如图3.1.1)。

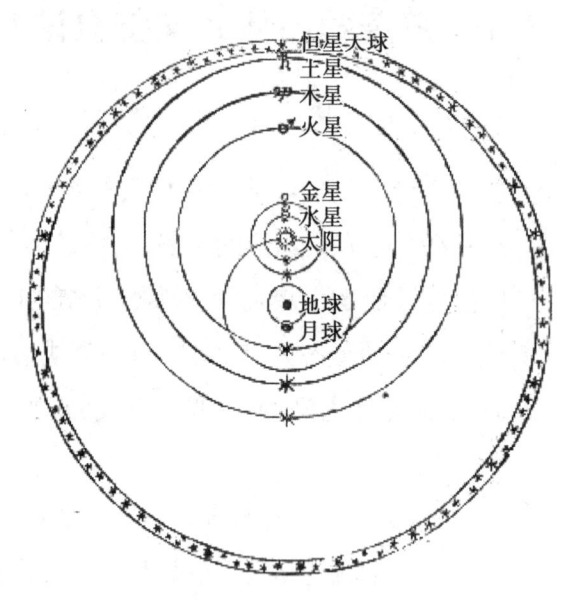

图 3.1.1　第谷的宇宙模型

第谷去世后,开普勒接替第谷的工作,他认真研究了第谷对行星潜心观察 30 多年所做的大量精密记录。但如何从浩如烟海的数据中发现其中的数学规律呢?因为第谷留下的资料中有关火星的资料是最丰富的,而且哥白尼的理论在预测火星轨道时偏差最大,所以开普勒决定从研究火星的运动入手。

第谷的观测数据是从运动着的地球上观测得出的,因此必须先弄清楚地球轨道的真实形状及其运行方式,以便确定在观测火星时地球处于什么位置。开普勒充分利用了每组火星年的观测数据,每组隔一个火星年(约 687 天),通过处理若干组的观测数据,他确定了地球的轨道形状。不过他并没有看出地球的轨道是椭圆,他觉得地球的轨道几乎是一个圆周,只是太阳稍稍偏离圆心罢了。实际上,地球椭圆轨道的偏心率太小了,看上去很像一个圆,开普勒将其误以为是圆完全是情理之中的。

地球的轨道一经测定,任何时刻地球的实际位置也就成为已知条件;反过来,以地球向径(太阳中心到地球中心的连线)作为基线,根据观测数据可以推求出火星的轨道曲线。具体来讲,火星公转周期是687天,也就是说开普勒那时已知道,火星每隔687天回到初始位置一次。于是,开普勒取间隔为687天的两次观测数据,如图3.1.2所示,两次观测中火星与太阳的位置相对不变,但地球的位置改变了。我们可以得到两次观测到的太阳与火星连线对地球(可视为一点)的张角 $\angle SE_1M$ 与 $\angle SE_2M$,还可以得到两次地球所处

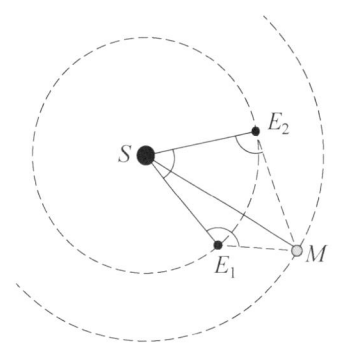

图3.1.2 火星位置示意图

位置与太阳连线的夹角 $\angle E_1SE_2$,又已知 $SE_1=SE_2=1\,\text{AU}$,根据这些数据我们就能确定火星 $M$ 的位置了。再加上第谷观测火星超过了20年,至少也积累了10多组观测数据了,根据这些观测数据开普勒就可以得到火星的多个位置。

那么接下来的问题就是,火星的运行究竟遵循什么规律呢?开普勒经过多年艰苦的数学计算后失望地发现,不论是哥白尼体系、托勒密体系还是第谷体系,没有一个能与第谷的实际观测相符。他决心进一步探究理论与观测不一致的原因,全力揭开行星运动之谜。

按照行星做"匀速圆周运动"的传统思路,开普勒最初用正圆编制火星运行表,发现火星总是"出轨",他便将正圆修正为偏心圆,进行了无数次的修正后,他找到了与事实较为符合的方案。可是,依照这个方案计算出来的火星位置与第谷的实测数据之间总有偏离,尽管其最大偏离角度只有 $8'$。我们知道,时钟上的秒针走一秒的角度都有 $6°$,这个 $8'$ 的误差可比 $1°$ 小多了,它仅为一个圆周角的 $\dfrac{1}{2\,700}$。

但开普勒知道,第谷观测数据本身的最大观测误差才 $2'$,所以,他并没有忽视这个理论与实际间的小小偏差,他坚信第谷的观测是精准的。他说:"上天给我们一位像第谷这样精通观测的人,我们应该感谢神灵的这个恩赐。"

## 第一定律——轨道定律

为了消除这 $8'$ 的误差,开普勒摒弃了天体做匀速圆周运动的传统观念,并重新研究从地心坐标系转换到日心坐标系的方法。他检验了多种圆和类似卵圆的曲线,最

后他尝试了椭圆轨道,奇妙的是,所有火星观测数据都符合得非常好。原来,火星的运行轨道是这种椭圆线!此前他与第谷、哥白尼及其他天文学家一样,都假定行星运行轨道是由圆或复合圆组成的,难怪一直有这 8′ 的误差!

开普勒认为,消除这 8′ 的误差,"除了承认行星的轨道是完全椭圆之外别无它途"。进而,他又发现每个行星都沿椭圆轨道运行,太阳就在这些椭圆的一个焦点上,这便是著名的行星运动第一定律——轨道定律。

正如开普勒本人所说,"这 8′ 的偏差,引发了天文学的全部革新"。如果开普勒当时忽略了这个小小的误差,我们可就不知道要再等上多少年才能发现这一定律了,天文学的发展必然也会受到极大的影响。

事实上太阳系各个行星轨道的具体形状稍有不同。一般说来,它们的偏心率都很小,与圆形相差不大,所以行星轨道可以近似地看作圆形,太阳的位置也可以近似地看作位于轨道的中心。这也是当年开普勒和此前的天文学家以为行星运行轨道是圆形的原因。幸运的是,开普勒首先选中了火星,而火星轨道的偏心率与其他行星相比是相当大的。

## 第二定律——面积定律

这仅仅是开始,科学的脚步不会因为一个令人惊喜的结论而停滞,开普勒的研究也没有因为得出了第一定律而停止。不久之后,开普勒又发现,行星绕太阳公转的线速度是不均匀的,地球和火星在离太阳近时运动得快,而在离太阳远时运动得慢。这样的定性结论不足以满足开普勒的好奇心,他通过计算发现行星的运动似乎是服从面积定律的,即相等时间内行星的向径所扫过的面积相等。由于当时还没有微积分的知识,开普勒也只是计算了相等时间内地球和火星的向径在近日点和远日点附近扫过的面积,然而这个关系是如此美妙和简单,以致他作出大胆的合情推理,认为这一定律对于任何行星及其轨道上的任何部分都是成立的,于是

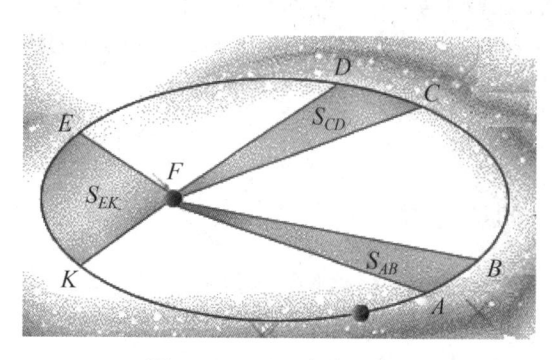

图 3.1.3 面积定律示意图

便有了行星运动第二定律——面积定律。

1609年开普勒出版了《新天文学》(又名《论火星的运动》)一书,阐明了他所发现的行星运动第一、第二定律。书中他还指出,这两条定律同样适用于其他行星和月球的运动。

这两个重要的定律相继发现后,编制星表一事便轻而易举了。开普勒终于降服了战神马尔斯(火星),其余各个行星也都相继"被俘",它们都"乖顺地"沿着开普勒给定的椭圆轨道运行着。开普勒也因此被后世的科学史家称为"天空的立法者"。

## 第三定律——周期定律

但是开普勒并不满足于已取得的成就,他感到自己还没有揭开行星运动的全部奥秘。他认为,只有找到各个行星运动的统一数学关系之后,才能构造一个太阳系的整体模型,从而揭示出宇宙的和谐与统一。换句话说,他希望有一个数学公式或者更加精确的法则,可以同时"约束"住所有的行星。行星的运动究竟还存在什么数学上的共性呢?

第二定律表明,即使在同一轨道上,行星速度也因距太阳远近而变化。沿着这条思路,开普勒确信行星运动周期与它们轨道大小之间应该是"和谐"的,他试图找出其中的数量关系。他面对的是繁杂的观测数据,要找出它们背后隐藏着的自然规律,就好比大海捞针,这需要惊人的毅力和耐心以及无比坚定的信念。

他花了大量时间计算与分析行星到太阳的距离 $a$ 和行星公转周期 $T$ 之间的关系。此时开普勒并不知道行星与太阳之间的实际距离,只知道它们距太阳的相对远近。他以地日距离为单位来表示当时已知的行星到太阳的距离 $a$,并将其和对应的行星公转周期 $T$ 列成表,然后用各种各样的数学关系拟合,他顽强地苦战了9年之久,经历无数次失败,做了大量运算之后,终于找到其中的规律。

| 行星 | 水星 | 金星 | 地球 | 火星 | 木星 | 土星 |
|---|---|---|---|---|---|---|
| 行星到太阳的距离 $a$(天文单位) | 0.38 | 0.72 | 1.00 | 1.52 | 5.20 | 9.54 |
| 行星公转周期 $T$(天) | 87.70 | 224.70 | 365.24 | 686.98 | 4 332.71 | 10 759.50 |

读者们,你能从这样的数据中找出什么数学规律呢?开普勒用了9年才发现的规律,不知你能否敏锐地发现呢?

显然其发现过程是十分艰难的,开普勒克服了不利的工作环境与长年的身心疲惫,经过庞杂的计算和无数次失败,最终发现:各个行星到太阳的距离 $a$ 与其运行周期 $T$ 满足 "$\frac{a^3}{T^2}$=常数";两个行星之间则有 $\frac{a_1^3}{T_1^2}=\frac{a_2^3}{T_2^2}$。换句话说,行星到太阳的平均距离的立方与其绕日运行周期的平方成正比。这便是行星运动第三定律——周期定律。

这一发现令他喜出望外。1619年,他在《宇宙的和谐》一书中对它作了阐释。在谈到这个周期定律时,他这样写道:"17年来,我发现第谷所作的刻苦研究同我当初认为是梦想的现有研究结果是完全符合的,这顿时消除了我心中的巨大阴影","我终于走向光明,认识到这一真理,它远远超出我最美好的期望"。

在此,我们将开普勒发现的行星运动规律归纳如下。

行星运动第一定律:每个行星都沿各自的椭圆轨道绕太阳运行,太阳则处在椭圆的一个焦点上。

行星运动第二定律:在相等时间内,运动的行星与太阳的连线所扫过的面积相等。

行星运动第三定律:每个行星绕太阳公转椭圆轨道的半长轴的三次方和公转周期的平方成正比,公式为 $\frac{a^3}{T^2}=k$。

为纪念开普勒在天文学上的卓著功绩,上述行星运动三大定律,被称为"开普勒定律"。行星运动三大定律是开普勒为人类科学发展作出的巨大贡献,也是对第谷留下的丰富宝藏辛勤开采的丰硕成果。它一经确立,行星的复杂运动便不再神秘。从此它成了天空世界的"法律"。

开普勒定律对行星绕太阳运动做了一个完整、精确的描述,解决了天文学的一个基本问题。这个问题曾令哥白尼、伽利略这样伟大的天文学家都感到迷惑不解。

至于行星为什么会沿椭圆轨道绕日运行,开普勒从太阳和行星的磁力角度进行过探讨,但没能认识到重力就是"推动"行星做这种运动的力。早期对重力的物理性质的思考,促进了人们对万有引力的研究。行星运动三大定律的发现为经典天文学奠定了基石。

## 3.2 牛顿是怎么发现万有引力的?

万有引力是怎么被发现的?看到这个问题的读者,想必都会想到类似下面这样的一个故事:

一天午后,牛顿走进花园,在一棵苹果树下坐下来休息。这时,一只熟透了的苹果突然掉落下来,不偏不倚地砸在了牛顿的头上。牛顿捡起苹果,脑海里却突然冒出了一个奇怪的念头,"苹果为什么不往天上飞,而要往地下落呢?是什么力在吸引它呢?"

牛顿的思路就此打开:吸引它的可能是地球,这个力朝向地球的中心,所以地球上所有的物体都会往地上掉。地球吸引着苹果,苹果也一定吸引着地球。牛顿头脑中进一步思考着。但是,为什么只看见苹果落地,却不见地球向苹果飞去呢?对于这个问题,牛顿自己找到了答案。他认为苹果吸引地球和地球吸引苹果的引力的大小是一样的,只是苹果很小,地球引力很容易使它运动,而地球的质量非常大,苹果对它的引力几乎不起什么作用。

图 3.2.1 牛顿与苹果树

牛顿继续想:那么可不可以把天上的月亮看作是一个很大的苹果呢?地球对它也有一个引力,可它为什么不像苹果一样落向地球呢?月亮难道不受地球引力的作用吗?不对,它肯定受地球引力的作用,但是月亮在天空中做着圆周运动。对了,它做圆周运动,这样它就会需要一个力。这很像下雨时你转动雨伞,水珠会沿伞外切线方向飞出去。也就是说,地球吸引月球的力使得月球不至于被"甩出去"。

就这样,牛顿从一只苹果落在头上开始一步一步深入地思考,想到了月亮,想到了太阳,终于发现了万有引力。他还进一步推测万有引力的大小,提出了万有引力定律。一只苹果落在头上,使牛顿产生灵感,进而发现宇宙间一条普遍的规律。

这正是我们熟知的"苹果砸中牛顿"的故事,这个故事早已成为科学史上一个经久不衰的传说,它最早出现在 1727 年法国哲学家伏尔泰出版的一本著作中,牛顿正好在这一年去世。

苹果究竟有没有落在坐在树下休息的牛顿头上,我们不得而知,这只是一个"传说"。有人觉得这个故事是虚构的,因为牛顿生前并未留下任何可以证实一颗坠落的苹果启发他发现万有引力的文字记录。也有人认为确有此事,因为牛顿晚年至少向 4 个人讲过这个故事,也有英国学者给出了不少证据。

无论这个故事是真是假,我们不能否定的是,牛顿发现万有引力的过程一定不像故事中所说的那么轻松,那必定是一个长期的刻苦钻研的过程。牛顿从 1665 年开始着手研究,到 1685 年正式发现万有引力定律,花了整整 20 年的漫长时间。

## 万有引力的苗头

万有引力定律与开普勒定律之间存在着一定的联系。我们前面已经知道开普勒发现行星运动三大定律的经过以及它在科学史上的地位。但在当时(前牛顿时代),开普勒定律并未得到普遍的承认,因为这些结论都是基于第谷的观测数据归纳总结出来的,人们认为它仅仅是经验性的假设罢了。开普勒并未证明轨道定律和面积定律,而牛顿代替他完成了证明。牛顿证明轨道定律、面积定律及其发现万有引力定律的卓越成就已载入西方天文学史和物理学史。

要了解牛顿发现万有引力的过程,我们得回到 17 世纪中叶。牛顿于 1665 至 1666 年期间写在笔记本上的未发表的手稿中提到了几乎全部的当时已知的力学基础概念和定律,包括给出速度的定义和对力的概念作出明确的说明。他还用独特的方式推导出离心力公式(这是推导引力平方反比定律的必要条件)。惠更斯到

图 3.2.2 牛顿

1673年才发表离心力公式,牛顿早就在1665年用上了这一公式。虽然这些证据都可以说明牛顿当时已经掌握了证明"引力平方反比关系"的基础工具,但还不能说明那时候的牛顿已经认识到了万有引力的存在。

### 与胡克的交流与争论

牛顿将力学问题搁置了十几年,在这期间他创立了数学一大分支——微积分。这一数学工具使他能更深入地探讨力学问题。1679年年底,牛顿意外收到另一位物理学家罗伯特·胡克(Robert Hooke,1635—1703年)的来信,后者向他询问地球表面落体的路径。牛顿在信中错误地把落体的轨迹描述成一条终止于地心的螺旋线,经胡克指出,牛顿承认了这一错误。但他在回答胡克的第二封信时又出了错,把重力(引力)视作常数,并基于此推证出一种轨道(牛顿当时还认为只有太阳对行星的引力遵守平方反比关系)。胡克再次复信,指出错误,他倾向于认为重力(引力)与距离的平方成反比。

这些信成了胡克后来争辩发现优先权的依据。牛顿则认为自己早已从开普勒第三定律推出了引力与距离的平方反比关系,认为胡克在信中提出的见解缺乏坚实的基础,所以一直拒绝承认胡克的功绩。其实,胡克的提示对牛顿的工作发挥了重要作用,他们在1679至1680年间的通信启发了牛顿。他采用惠更斯的"向心力"一词,并在1680年证明椭圆轨道运动中的物体必受一个指向焦点的力,这个力与物体到焦点的距离的平方成反比。

### 算出开普勒定律

椭圆轨道的平方反比定律与万有引力定律还不是一回事,此时牛顿仍没有认识到万有引力的存在。例如,1680年11月,有一颗彗星先后两次出现在天空中,牛顿对它进行了细致的观测和记录,有趣的是,他认为那是两颗不同的彗星。这说明牛顿当时还没有树立万有引力的观念,因此没有把自己的理论应用到彗星上去。

1684年8月,著名天文学家爱德蒙·哈雷(Edmond Halley,1656—1742年)专

程去剑桥访问了牛顿,向牛顿征询了关于物体在满足平方反比关系的力场中的轨迹的形状问题,牛顿立刻回答是椭圆,哈雷问他从何而知,牛顿说是算出来的。哈雷希望看到计算内容,在其敦促下,牛顿重新计算并寄给他一篇9页长的论文,人们称之为《论运动》。他曾在《论宇宙的体系》一书中,用如图3.2.3所示的思想实验来说明行星在向心力的作用下为什么保持轨道运动(这也是人造卫星的发射原理),并比较了抛体运动和天体运动。1685年春季,牛顿在《论运动》和《论宇宙的体系》的基础上,全力以赴地完成了《自然哲学的数学原理》(简称《原理》)的初稿,并于1687年出版了该书。至此,牛顿终于领悟了万有引力的真谛并总结出万有引力定律,把地面上的力学和天文上的力学统一在一起,形成了以三大定律为基础的力学体系。

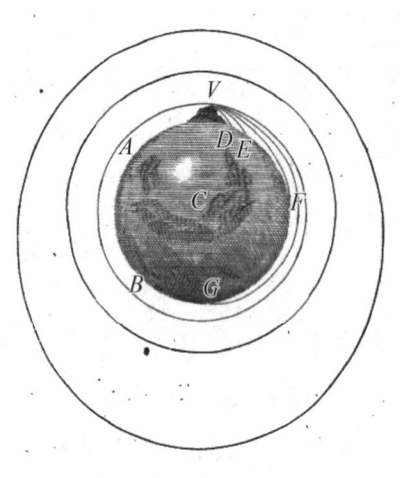

图3.2.3 《论宇宙的体系》中的思想实验

万有引力的提出进一步证明了"开普勒定律",例如,我们可以很容易地由万有引力定律推导出开普勒行星运动第三定律。读者们不妨一起来试试看。

我们设太阳质量为$M$,某一行星质量为$m$,二者之间的距离为$r$。在太阳的引力作用下,该行星具有加速度$a$,则根据牛顿第二定律$F=ma$及行星与太阳之间的引力公式$F=G\dfrac{Mm}{r^2}$,可知

$$a = G\dfrac{M}{r^2}。$$

行星因太阳的吸引而具有加速度$a$,根据牛顿第三定律,太阳也会因行星的吸引而具有加速度

$$a_日 = G\dfrac{m}{r^2},$$

与行星相比,太阳的质量太大了,这使得其看起来几乎是静止的。

现在以太阳为参考系,即假定太阳静止,记行星具有相对于太阳的加速度为$a_{相对}$,则

$$a_{相对}=a+a_{日}=G\frac{M+m}{r^2}。$$

当然,我们知道,此时 $a_{相对}\approx a$,因为与 $a$ 相比,$a_{日}$ 实在是太小了。

为了简化后面的推导,我们在此设行星运行轨迹为圆形,行星运行速度为 $v$,则 $v=\frac{2\pi r}{T}$($T$ 为行星运行周期),由此,可得圆周运动的向心加速度为:

$$a_n=\frac{v^2}{r}=\frac{4\pi^2 r}{T^2},$$

由于万有引力完全提供了行星的向心运动,则 $a_{相对}=a_n$,即

$$G\frac{M+m}{r^2}=\frac{4\pi^2 r}{T^2},$$

于是解得,

$$\frac{r^3}{T^2(M+m)}=\frac{G}{4\pi^2}。$$

因为 $\frac{G}{4\pi^2}$ 是一个常数,由此可知任意行星只要绕着太阳做圆周运动,必然存在 $\frac{r^3}{T^2(M+m)}=\frac{G}{4\pi^2}=k$(常数)的关系。

该情况推广到椭圆轨道上,用长半轴 $a$ 替代半径 $r$,即可得到:

$$\frac{a^3}{T^2(M+m)}=k(常数)。$$

细心的读者一定发现了,这与开普勒第三定律 $\frac{a^3}{T^2}=k$ 仍存在差距。回顾推导过程,可以发现,行星质量一般比太阳质量小得多,比如地球质量仅为太阳质量的 $\frac{1}{330\,000}$,因此运算过程中只要忽略行星质量,取 $a_{相对}\approx a$ 或者 $M+m\approx M$,即可得到 $\frac{a^3}{T^2}=\frac{GM}{4\pi^2}$(常数),这便是开普勒行星运动第三定律!

### 牛顿为何成功?

牛顿用数学和逻辑工具证明了"开普勒定律",导出了引力平方反比定律;借助运动定律,建立了引力质量的概念;把地面上的重力概念发展为引力概念,并推广到一切物体(或天体)之间的相互作用——万有引力;给出有关万有引力定律的准确的物理表述,用它反推并进一步修正"开普勒定律",在此基础上建立了月球运动理论、彗星理论、潮汐理论;等等。这一切的成就都离不开两个方面,一是数学,二是前人的贡献。

数学工具,尤其是微积分的发明,使得天文计算更加精确。牛顿将力学问题搁置了十几年,转而去创立微积分,有人或许觉得他这么做有点不务正业,如果他用那些时间继续研究万有引力可能会更早取得成功。事实上,微积分的发明并未偏离力学研究的主线,这一数学工具对万有引力的推导、"开普勒定律"的证明都是至关重要的,有专家认为胡克之所以没能先于牛顿发表引力定律就是因为他的数学造诣远逊于牛顿。借助微积分,牛顿发现了万有引力定律,认识到宇宙中无处不受制于这一定律,在他看来,万有引力定律展现了宇宙精妙的数学结构。

牛顿在一封写给胡克的信中写道:"如果说我看得更远,那是因为我站在巨人的肩膀上。"他这里所说的"巨人"指的是胡克和笛卡尔等,当然也包括他多次提到的伽利略、开普勒和哥白尼。其实他所完成的综合工作很大程度上应归功于中世纪以来从事科学研究的前人的累累成果。

## 3.3 何时能再见哈雷彗星?

彗星,因其拖着的长尾巴而得名,"彗"的本意就是帚,《说文解字》中道:"彗,埽竹也"。因此彗星又被称为"扫把星"或"扫帚星"。

彗星绕日运动进入太阳系内,它的亮度和形状会随着它到太阳的距离的变化而变化。彗星主要由太阳系外围行星形成后所剩余的物质(如冰冻的气体、冰块、尘埃)

组成,其外观呈云雾状。彗星分为彗核、彗发、彗尾三部分。彗核由冰物质构成,当彗星接近太阳时,彗核物质升华,在其周围形成朦胧的彗发和一条由稀薄物质流构成的彗尾。由于太阳风的作用,彗尾总是指向背离太阳的方向。彗尾一般长几千万千米,最长可达几亿千米。

## 彗星的轨道

彗星质量一般很小,只有地球质量的几千亿分之一,通常沿着扁平的轨道围绕太阳运行,绕行一周所需的时间从几年至几百万年不等。目前人们已发现的绕太阳运行的彗星有 1 700 多颗。

根据运行轨道的形状,彗星可分为三种类型:偏心率 $0 < e < 1$ 的椭圆、偏心率 $e = 1$ 的抛物线和偏心率 $e > 1$ 的双曲线。其中,多数彗星的运行轨道并不是我们熟知的椭圆,而是抛物线,只有少数彗星的运行轨道是极为狭长的椭圆或双曲线。

在椭圆形轨道上运行的彗星又被称为周期彗星,周期彗星可分为周期小于 200 年的短周期彗星和周期大于 200 年的长周期彗星。轨道为抛物线或双曲线的彗星,终生只能接近太阳一次,一旦离去,就永不复返,因而被称为非周期彗星,这类彗星可能原本不是太阳系的成员,它们或许只是来自太阳系外的匆匆过客,无意中闯进了太阳系,而后又义无反顾地回到茫茫的宇宙深处。

彗星还可能受到行星引力的影响改变原来的轨道形状,尤其是非常接近行星(主要是木星和土星)的时候。受行星摄动影响,周期彗星可能改变周期,由长周期彗星变为短周期彗星,非周期彗星可能改变轨道,成为周期彗星。例如,1994 年苏梅克·列维 9 号彗星受到木星的扰动,偏离了原来的轨道并撞上了木星。又例如,1949 年至 1961 年木星将串田·村松彗星"扣留",使之成为自己的一颗临时卫星;串田·村松彗星环绕木星完成两次完整轨道运行和一次非常规轨道运行才"获释",被"捕获"时间长达 12 年。正是由于彗星轨道的奇特性质,天文学家一直在争论能否将其归为太阳系的一员。

## 谁是哈雷彗星的首位观测者?

提到彗星,就不得不说我们最为熟悉的"哈雷彗星"了,我们都知道它绕太阳一周的时间为 76 年左右。对于它,我们或许有不少的疑问,为何哈雷彗星如此出名呢?哈雷是不是第一位观察到哈雷彗星的人呢?

其实,地球上可以观察到的彗星不只有哈雷彗星,从古至今,有记录的彗星观测不少,而且许多彗星比哈雷彗星更易见、更漂亮。例如,威斯特彗星被认为是 20 世纪最漂亮的彗星之一,是由欧洲南天天文台的一位丹麦天文学家于 1975 年 11 月 5 日在经过曝光后的底片上发现的。它于 1976 年 2 月 25 日通过近日点,最亮时甚至在白天也能用肉眼观测到,其彗尾呈扇形,扇形角度达到 30°~35°。1976 年 4 月中旬后,人们无法再用肉眼观测到威斯特彗星。

那为什么哈雷彗星如此出名呢?因为哈雷彗星是唯一能用裸眼直接看见的短周期彗星,也是我们一生中唯一可能看见两次的彗星,还是一颗被推算出来的彗星。换句话说,除了哈雷彗星,其他裸眼可见的彗星可能会更壮观、更美丽,但它们都是数千年才会出现一次的彗星,比如威斯特彗星,它的运行周期约为 558 000 年。

人类历史上第一个被观测到的周期性绕太阳运行的彗星就是哈雷彗星。我国古人把彗星叫做"星孛",《春秋》记载,鲁文公十四年(公元前 613 年)"秋七月,有星孛入于北斗",这是世界上关于哈雷彗星最早的确切记录。西欧关于哈雷彗星的最早记录是在公元 66 年,比我国晚了约 700 年。《史记·秦始皇本纪》记载了公元前 240 年哈雷彗星的一次回归,其中写道,"七年,彗星先出东方,见北方,五月见西",从这一次起,哈雷彗星每次回归,我国均有记录。《晋书·天文志》载有:"彗星

图 3.3.1 威斯特彗星

所谓扫星,本类星,末类彗,小者数寸,长或经天。彗星本无光,傅日而为光,故夕见则东指,晨见则西指。在日南北皆随日光而指,顿挫其芒,或长或短。"这一段准确描述了彗星的形态。我国的彗星观测史料丰富,观测记录连贯、可靠,它们在近现代天体探索中发挥了重要作用,体现出巨大的科学价值。

我国最早观测到哈雷彗星,且记录最为完整,但这颗彗星的命名却与我们失之交臂。因为我们古人认为所观测和记录的彗星是不同的彗星。或许有人会问,每过76年就出现一次的彗星,外形也很相像,怎么就没有一个中国人发现它们是同一颗彗星呢?这看似是一件极为容易的事情,但实际上困难重重。首先,出现在天空中的彗星并不只有哈雷彗星,有许多不同的彗星都会迷惑你。比如今年你看到了一颗彗星,可能明年或者后年你又看到一颗,再过20年可能又出现一颗。所以在这些没有规律的彗星记录中,要发现每过76年出现的彗星是同一颗难度相当大。而且,76年的时间并不严格,因为哈雷彗星的运行会受大行星引力影响,因此相差一两年也是正常的。这时候,仅仅根据76年左右就有一次类似的彗星观测记录来断言这是同一颗彗星是很不严谨的,我们需要更多的证据。因此,这么多年来中国乃至世界上的其他天文学家没有"发现"哈雷彗星是情有可原的。

## 哈雷彗星的预测

这颗彗星的周期最早是由英国人爱德蒙·哈雷测量出来的,因此这颗彗星就以他的名字命名。他的发现并非偶然,其中,数学起到了至关重要的作用!

哈雷出生于英国伦敦一个富商家庭,从小热爱天文学、数学和物理学,曾就读于著名的伦敦圣保罗学校,1673年进入牛津大学女王学院学习数学,后来成为皇家学会书记官。1680年,哈雷在法国旅行时看到了有史以来最亮的一颗大彗星。1682年,他又看到了另一颗大彗星。这两颗大彗星在他心中留下了极为深刻的印象。当时,天文学家普遍认为彗星是在恒星之间漂泊不定的怪物,无法预测其行踪。而哈雷

图3.3.2 爱德蒙·哈雷

恰恰对这些天空中的"怪物"情有独钟。

哈雷与牛顿在剑桥结为好友，他们共同对彗星进行研究。牛顿正是在哈雷的全力支持和资助下，才写作和出版了《自然哲学的数学原理》。牛顿对哈雷的帮助非常感激，他在书的前言中特别写了一段："埃德蒙·哈雷是目光敏锐、博学多才的学者，为本书的出版付出了艰辛的劳动。他不仅为勘误和制版操劳，而且从根本上来说，他也是鼓动我撰写本书的人。因为正是他要我论证天体轨道的形状，正是他要我把这项论证呈报皇家学会。"

哈雷将从牛顿那里学到的天体运行轨迹测算运用到彗星的研究中。他查阅了许多外国历史资料，包括中国古代对彗星的观测记录，对自1337年以来曾被观察到并记录下来的24颗彗星的轨道进行了计算。他惊喜地发现1682年出现的大彗星的轨道与1607年、1531年出现的彗星轨道如出一辙，这3次出现的彗星外形也很相似。这时，一个念头突然在他脑海中迅速地闪过：这3颗彗星可能是同一颗彗星的3次回归！

哈雷的这一顿悟并非偶然。自1543年哥白尼在《天体运行论》中提出日心说，到1619年开普勒在《宇宙的和谐》中提出行星运动第三定律，再到1687年牛顿在《自然哲学的数学原理》中提出万有引力定律，行星以椭圆轨道绕太阳运动的观念已深入人心。如果不是认为彗星按椭圆轨道运动，而是按照古人的圆形轨道的思想去研究，怎么可能得到这样一个惊喜的结论呢！

哈雷在此基础上思索着，"这些漂泊不定的天空怪物——彗星，会不会有的也像行星一样绕太阳做椭圆轨道运动而定期回归地球附近呢？"他没有拍拍脑袋就妄下定论，而是不厌其烦地向前搜索，进一步发现：1456年、1378年、1301年、1222年，一直追溯到1066年，历史上都有大彗星记录。

1705年，49岁的哈雷发表了《彗星天文学论说》，宣布1682年曾引起世人极度关注的大彗星将于1758年再次出现于天空，因为他通过计算确定该彗星的周期是76年左右。他写道："相当多的事情使我想到，1531年阿皮安所观察的彗星，跟1607年开普勒和1456年隆哥蒙坦斯所描述的是同一颗，也就是1682年我自己观察的那一颗。全部轨道号数都是完全一致的，只有周期不等，其中第一个周期是76年2个月，第二个周期却是74年10.5个月，大概这里面有问题，但是它们的差是这样小……因而我坚决预言，这颗彗星在1758年还要回来……""如果彗星真如我所预言，大约在

1758年的时候再现，公正的后人们将不会忘记这首先是由一个英国人发现的。"

## 哈雷彗星的回归

哈雷于1742年去世。16年后的1758年，这颗预言中的彗星却迟迟不出现，许多人开始质疑。

法国数学家克莱罗（Alexis Claude，1713—1765年）是哈雷彗星回归论的积极支持者。他计算了太阳系大行星木星和土星扰动的影响，得出木星使其回归日期延迟518天，土星使其回归日期延迟100天，一共延迟618天，并由此预测哈雷彗星会在1759年4月13日通过近日点，前后可能有一个月的误差。1758年圣诞之夜，一位德国天文爱好者首先发现了哈雷彗星的回归。1759年1月21日，法国天文学家梅西耶（Charles Messier，1730—1817年）也找到了这颗彗星。哈雷彗星通过近日点的时间则是1759年3月14日，恰好在克莱罗的测算范围内，为此克莱罗还获得了彼得堡科学院的嘉奖。

图 3.3.3　哈雷彗星

梅西耶也对彗星相当痴迷，他虽没有成为第一位证实哈雷彗星回归的人，但他并不灰心，开始系统地寻找彗星。他年复一年、日复一日地在凌晨和黄昏后进行观测，一生中共发现了 21 颗彗星,而经他观测过的彗星达 46 颗。法国国王路易十五曾称他为"彗星的侦探",这虽然是一句戏言,却是对梅西耶一生"寻彗"工作的精准概括。

哈雷彗星的回归可以说是一个激动人心的发现,因为它让人们真切感受到数学是科学预言的有力工具。当然,并非所有预言都是准确无误的,预言都必须经过事实的检验和科学的推敲。彗星回归,首度证实了除了行星之外,还有其他的天体绕着太阳公转,这也是最早展示出牛顿物理学的解释能力和预测能力的一个例子。

图 3.3.4　梅西耶

哈雷彗星下次经过近日点的时间为 2061 年 7 月 28 日,就在不久的将来,让我们一起翘首以盼吧!

### 哈雷彗星的运行轨迹如何?

进一步地,我们其实还可以探索一下哈雷彗星的运行轨迹问题。现在我们知道哈雷彗星的周期是 75 年或 76 年,那我们能不能利用这个周期推导出什么呢?或许你很快能联想到 3.1 节提到的开普勒第三定律,即各个行星绕太阳公转的椭圆轨道的半长轴的三次方和它们周期的平方成正比,用公式表示为 $\frac{a^3}{T^2} = k$。这一关系同样也适用于受太阳束缚的哈雷彗星。因此,对于太阳系中的地球与哈雷彗星而言,都满足上述公式,即

$$\frac{a_{\text{地}}^3}{T_{\text{地}}^2} = \frac{a_{\text{哈}}^3}{T_{\text{哈}}^2}$$

以 AU 为长半轴的单位,地球轨道近似为圆形,则 $a_{\text{地}} = 1$ AU;以年为周期单位,则 $T_{\text{地}} = 1$ 年,$T_{\text{哈}} = 75$ 年。由此可得,

$$a_{\text{哈}} = \sqrt[3]{\frac{T_{\text{哈}}^2}{T_{\text{地}}^2} a_{\text{地}}^3} = \sqrt[3]{\frac{75^2}{1^2} \times 1^3} = \sqrt[3]{5\,625} \approx 17.78 \text{ AU}$$

计算结果与实际测量值误差极小,这进一步让我们感受到了开普勒定律的神奇之处,同时也有助于我们整体理解哈雷彗星的运行轨道(如图 3.3.5 所示)。

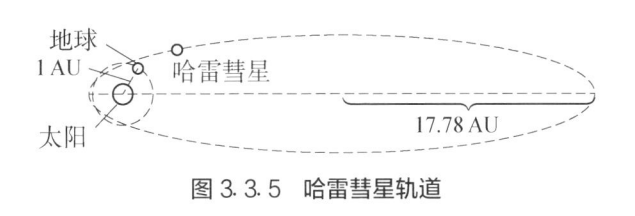

图 3.3.5　哈雷彗星轨道

## 3.4　三体问题有解吗?

2015 年 8 月 23 日,被誉为"中国科幻第一人"的刘慈欣凭借其科幻小说《三体》获得"雨果奖"最佳长篇小说奖,这是亚洲人首次获得雨果奖,也是中国科幻小说第一次获得世界级的认可。

图 3.4.1　《三体》封面

三体是什么?小说的名字为何叫"三体"?这或许是很多读者看到书名后想到的第一个问题吧。有些读者可能会说,这是因为小说描写的是"三体文明"的外星人故事。仔细读过书的人可能会联想到,这里的"三体"应该出自著名的数学问题——"三体问题"。

三体对应的英文是"Three Body",简单说就是三颗恒星。我们地球属于太阳系,太阳系仅有一颗恒星——太阳,日地间的相互作用是稳定的,因此地球才能维持相对稳定的生存环境。如果太阳系有三颗太阳,那会是怎样一番景象呢?至少一定不像后羿射日的传说那么简单。

1900年,数学家希尔伯特(David Hilbert,1862—1943年)在他著名的演讲中提出了23个疑难数学问题以及两个典型例子,第一个是费尔马猜想,第二个就是本节所要介绍的多体问题中的特例——三体问题。这两个例子对20世纪数学的整体发展所起的作用要比23个问题中的任何一个都更加巨大。最终,费尔马猜想在1994年被英国数学家怀尔斯(Andrew Wiles,1953—    )解决,而三体问题仍然是飘在数学大厦上的一朵挥之不去的乌云。

图 3.4.2　希尔伯特

三体问题是天体力学中的基本模型,即探究三个质量、初始位置和初始速度都任意的可视为质点的天体,在相互之间万有引力的作用下的运动规律,如图 3.4.3 所示,它们有无数种可能的运动轨迹。三体最简单的例子就是太阳系中太阳、地球和月球的运动。

为了了解三体问题,我们先跟随科幻小说《三体》中的描述想象一番吧:

我们先在意识中创造一个"空",一个无际的太空,其中什么都没有,连光都没有的空间,再在这无限的空间中创造出一个球体,不大的、有质量的球体。这颗球悬浮于"空"的正中(对于无限的空间,任何一处都是正中),由于这个宇宙中没有任何东西作用于它,它也没有可以施加作用的任何东西,所以它始终悬浮于那,永远不会有丝毫的变化。若给它一个初速度,比如轻轻推它一下,它也只不过匀速直线地一直运动下去罢了。

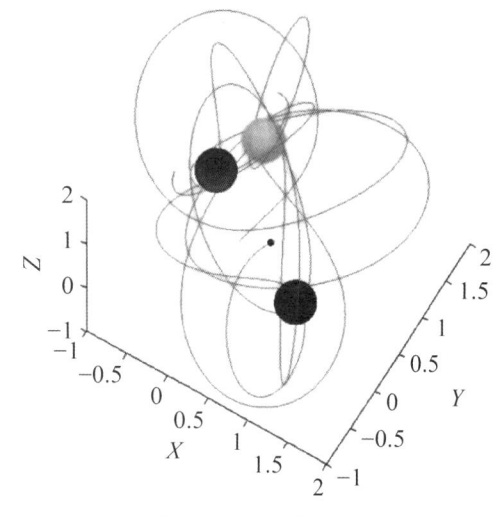

图 3.4.3　三体运动

接着,我们创造与原来的球大小相等的第二个球,这两个球都是有质量的,如果不给它们初速度,它们很快会彼此吸引到一块,然后互相靠着静止在那里。为了不让它们一直静止下去,我们给它们一个适当的距离和适当的初速度,使它们在各自引力的作用下互相围绕着对方旋转。但不管你怎样初始化(改变初始位置与初始速度),它们的绕转最后都会固定下来,永远不变。

随后,我们引入第三个球体,情况发生了令人震惊的变化。前面的空宇宙、一球宇宙和二球宇宙,只需要一个或寥寥几个方程便可以描述殆尽。但这第三个球的加入仿佛点上了"龙睛",三球宇宙一下子变得复杂起来,三个被赋予了初始速度的球体在空间中进行着复杂的、似乎永不重复的运动,描述这种运动的方程如暴雨般源源不断,无休无止。

这便是三体运动,它到底有何规律?为何如此令人着迷,或许我们应该从二体运动开始谈起。

## 二体问题

多体问题可以用一句话来概括:在三维空间中给定 $N$ 个质点,如果它们之间只有万有引力的作用,那么在给定它们的初始位置和初始速度的条件下,它们会以怎样的规律运动。

当 $N=1$ 时，单体问题是最简单的，单个质点要么静止，要么做匀速直线运动，其运动轨迹只能是点或直线。

当 $N=2$ 时，二体问题就不那么简单了。但是方程组仍然可以化简成一个不太难解的方程。卫星绕地球运动便是二体运动，只不过相对于卫星，地球质量太大了，因此我们没有考虑地球也会绕卫星转动。实际上，二体运动中的两个质点是在万有引力下相互绕转的，典型的例子是双子星（双子座的两颗主星——北河二和北河三的合称）的运动。

我们假设宇宙中只有一个地球和一颗天外飞来的陨石（质量远小于地球），如果陨石的速度小于第一宇宙速度（围绕地球做圆周运动的速度，约为 7.9 千米/秒），那么它会被地球"捕获"最终落在地球上。如果它的速度达到了第一宇宙速度，那么它可以绕地球做椭圆运动。只要速度介于第一宇宙速度与第二宇宙速度（脱离地球引力所需的最小速度，约为 11.2 千米/秒）之间，那么速度的增大只会增大椭圆轨道的偏心率，此时偏心率始终小于 1。如果它的速度等于第二宇宙速度，那么其轨道就不是闭合曲线了，而是抛物线，此时偏心率等于 1，即此时它会与地球擦肩而过，但两者之间的万有引力留不住它，它拐个弯后便远离地球。如果速度再大一点，其运行轨道就是双曲线的一支，此时偏心率大于 1。

太阳系中天体的运动轨迹也是这几类，行星及其卫星都是按照椭圆轨道运行的，只有彗星最多样，三种轨道兼而有之。

简单来说，受万有引力作用的二体始终在圆锥曲线（用平面截圆锥面所得到的曲线，包括椭圆、抛物线和双曲线）上运动。二体问题又叫开普勒问题，1710 年被瑞士数学家约翰·伯努利（Johann Bernoulli，1667—1748 年）最先攻克。其实，早在几十年前，牛顿就在他的《自然哲学的数学原理》一书中提到了类似的问题，但奇怪的是他并没有给出二体问题的解，不过人们还是相信牛顿当时完全有能力得出二体问题的解。

## 三体问题

二体问题是可以解决的，我们理解起来也不困难。攻克二体问题后，数学家们很自然地开始研究三体问题，结果也是十分显然的——进展微乎其微。其实，三体运动在实际物体运动的基础上作了很多简化,比如不考虑物体的自转、形状、体积等。即便如此,牛顿、拉格朗日(Joseph-Louis Lagrange,1736—1813 年)、拉普拉斯(Pierre-Simon Laplace,1749—1827 年)、泊松(Simeor-Denis Poisson,1781—1840 年)、雅可比(Carl Jacobi,1804—1851 年)、庞加莱(Henri Poincaré,1854—1912 年)等大师们为这个问题殚精竭虑,也未能将它完全攻克。

1772 年,拉格朗日将三体运动限制在同一平面内,得出"平面限制性三体问题"的 5 个特解,也就是著名的拉格朗日点。处于拉格朗日点时,小天体在两个大天体的引力作用下能基本保持静止。5 个拉格朗日点中只有 2 个是稳定的,即小物体在该点处即使受外界引力的摄扰,仍然有保持在原来位置的倾向。

如图 3.4.4 所示,在太阳与行星的二体运动中 $L_1 \sim L_5$ 这 5 个点便是拉格朗日点,行星和太阳连线上有 $L_1$、$L_2$、$L_3$ 这 3 个拉格朗日点,而在行星轨道上有 $L_4$、$L_5$ 两个点,它们各自与太阳、行星构成等边三角形。其中 $L_1$、$L_2$、$L_3$ 是不稳定的,如果小天体离开这 3 个点,就会越行越远,无法在稳定的轨道上运行,我国的"嫦娥二号"卫星就曾进入日地拉格朗日点 $L_2$ 进行深空探测等试验(如图 3.4.5 所示)。$L_4$、$L_5$ 是稳定的,这两个稳定解在太阳系里确实存在实例,如图 3.4.6 所示,木星的 $L_4$ 和 $L_5$ 点上各有一群小行星,即著名的特洛伊群和希腊群小行星。

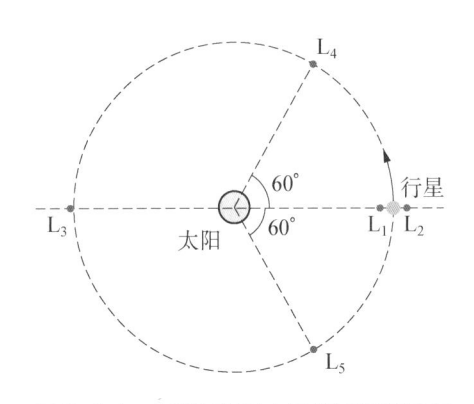

图 3.4.4　太阳与行星之间的拉格朗日点

图 3.4.5　"嫦娥二号"环绕 $L_2$ 点飞行

拉格朗日点在深空探测中具有很高的科研价值,主要体现在两个方面:一是作为科学观测的极佳位置,二是作为深空探测的中转站。位于 $L_4$ 和 $L_5$ 的航天器能与两个天体保持相对静止,这样非常有利于开展长期的科学观测,而共线拉格朗日点存在

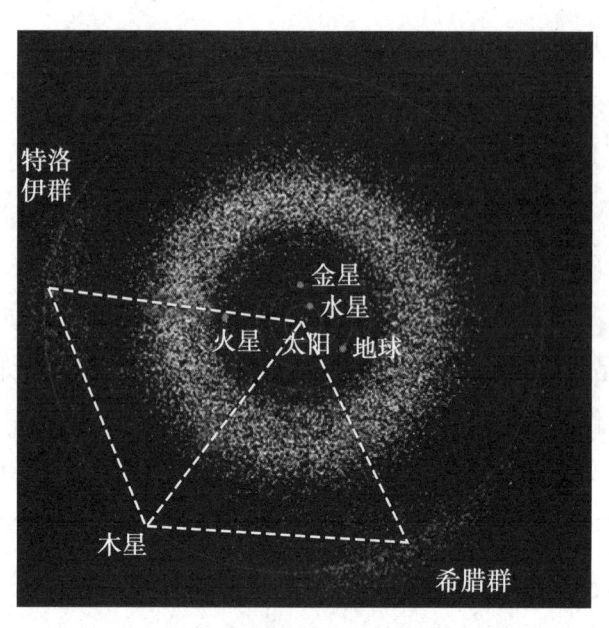

图 3.4.6　木星的 $L_4$ 和 $L_5$ 点上的小行星

着稳定流形与不稳定流形,这使得航天器在其上运动时,不需耗费任何能量就能趋近或远离周期轨道,利用这一点可以设计行星间的转移轨道。

以上成果只是在三体问题的研究之路中迈出的一小步,正如《三体》中数学家魏成所描述的:"三体问题的真正解决,是建立一种数学模型,使得在已知任何一个时间断面的初始运动矢量时,能够精确预测三体系统以后的所有运动状态。"一般的三体问题,每一个天体在其他两个天体的万有引力作用下,其运动方程都可以表示成 6 个 1 阶的常微分方程。因此,一般三体问题的运动方程为 18 阶方程,必须得到 18 个积分才能得到完全解。

然而,19 世纪末有关三体问题的数学研究非但没有任何进展,还给数学家们带来一连串"沉痛"的打击。1889 年,庞加莱给出了严格的证明,堵死了求积分的许多途径。1941 年,西格尔(Carl Siegel,1896—1981 年)证明了求解足够的代数积分是不可能的,这等于宣判了代数积分法的死刑。

当然,这方面的研究并不是一无所获,它还是带来了许多新发现,比如混沌理论就是从它的废墟中诞生的。数学家们最后得出"三体问题无解",准确地说,是无解析解,意思是三体运动的规律不能用解析式表达出来,只能算某些情况下的数值解。然而对于三体问题的数值解,初始的微小偏差会随着时间的推移无限放大,因此数值法几乎没有办法预测无限长时间后三体运动的最终命运。这种随时间延长不确定性增加的现象被称为"混沌"。

三个物体在空间中的分布可以有无穷多种情况，由于混沌现象的存在，一般情况下三体问题的解是非周期性的。这也就是小说《三体》中的"三体星人"为何一定要向外太空寻找新的可生存星球的原因——他们的世界变幻莫测，随时都可能覆灭。

寻找三体问题的通解是枉费力气，但在特殊条件下，一些特解是存在的。只有满足一定的初始条件（初始位置、初始速度等），系统才能在运动一段时间之后回到初始状态，即做周期性的运动。在"三体问题"被提出后的两百多年的时间里，数学家们仅发现了3种特解。

20世纪50年代以后，数学家们多了一个新帮手——计算机。于是，两个新方法出现了，一个是用级数表示积分，另一个是使用数值法求近似解。1993年，塞尔维亚的两位物理学家又发现了13种特解，他们利用计算机模拟，从现有的特解出发，调整初始条件直到新类型的轨道被发现。

没有代数公式，用数值法得到的结果的精确性又差强人意，计算机的"加盟"使人们在面对三体问题时不再那么无助了。比如，发射飞船去探测其他行星就是典型的三体问题，对于"旅行者2号"从地球飞到海王星的过程，我们可以通过数值计算得到想要的数据。再比如，太阳系大行星4 000万年内的运动也是可以通过计算机算出来的。幸亏有了计算机，我们对太阳系行星系统的研究还不至于"散架"。

## 3.5 恒星能燃烧多久？

要想知道恒星能燃烧多久，我们得先知道恒星是怎么诞生的。恒星主要是由气体氢和氦构成，它们也是宇宙最早出现的元素，宇宙中还有一些以尘埃形式存在的成分。

我们可以想象一下：这些气体原子和尘埃粒子在万有引力的作用下相互吸引，虽然它们之间的作用力微乎其微，但随着时间的推移，这些粒子会越来越近，当它们开始聚集在一起时，会吸引更多的气体和粉尘，然后形成一个巨大的漩涡；越来越多的粒子碰撞这个漩涡,根据能量守恒定律,它们的动能会转化为热能(这和我们冬天通过摩擦双手取暖的原理类似,动能会因为摩擦而转化为热能);逐渐地,日益变大的气体漩涡的温度开始升高,经过数十万年或者数百万年后,这个气体漩涡就达到一个零界点。

这个气体漩涡中的氢原子(准确说应该是氢离子)是量子粒子,它们遵守的是量子力学规律。量子力学理论形成于 20 世纪初,它的发现彻底改变了人们对物质世界的认识。在微观世界里,原子中的电子不会沿着一定的轨道从一点运动到另一点,而是在原子核周围按照一定的概率分布着。由于量子现象的不确定性,它们可以从一个位置跳跃到另一个位置,例如,电子等微观粒子可以穿过它们本来无法通过的"墙壁"(如图 3.5.1),我们称这个过程为量子的隧穿效应。

图 3.5.1 隧穿效应

由于电磁力的存在,带正电的氢核之间相互排斥,按照常理,它们不能靠得太近,但是量子领域可以使出它的必杀技——隧穿效应,使一部分氢核跳到另一个的附近。当两个氢核靠得非常近时,比电磁力更强大的核力会把它们吸引在一起。达到一定极限值,氢核会聚变成氦核。根据爱因斯坦提出的质能方程,聚变过程中亏损的一小部分质量将转化为能量:

$$E = mc^2,$$

其中,$E$ 表示能量,$m$ 表示质量,$c$ 表示光速,我们知道,真空中的光速是常量,

$c \approx 300\,000$ 千米/秒。

因为光速很快,所以聚变反应会产生巨大的能量,并以电磁辐射(光)的方式迸发出来。同时,聚变反应的产物与气体、尘埃等相互作用,形成更加清晰的球体。恒星就是在此基础上诞生的。每颗恒星的形成所需要的时间各不相同,和太阳质量差不多的恒星需 5 000 万年的时间才能形成。

恒星是宇宙中普遍存在的一类天体。每当夜幕降临,我们仰望星空时,除了醒目的月球和几个熟悉的行星外,为什么尽收眼底的都是恒星呢?恒星自身可以"燃烧",它会释放能量,一直发光,它就像一盏天然的灯挂在空中,而行星自身不能发光,只能反射恒星的光。离我们最近的一颗恒星就是太阳,虽然它只是宇宙中的一颗普通恒星,但对于地球来说是极其重要的,因为地球的光和热都是由太阳提供的。

为什么我们看到的恒星的颜色是不一样的呢?这是因为恒星所发射的光线各不相同。恒星所发出的光的颜色与它表面的温度有关,而恒星表面的温度又与它们的质量及演化状态有关。离我们最近的恒星太阳表面的温度是 6 000 K,它的颜色是金黄色。比太阳还炽热的恒星发白色的光,和太阳热度差不多的恒星发黄色的光,表面温度比太阳低的恒星发红色的光。这与一只炉子燃烧时的情形有点相似,炉火正旺时,火焰是青里反白,炉温低时火焰发红光。现代科学家在实验室的条件下得出的实验结果也表明火焰的颜色是随着温度的变化而改变的。不同的恒星发出的光可以编织成一道彩虹,从深红到蓝白,每一种颜色都对应一定范围的温度:

| 恒星颜色 | 红色 | 红橙色 | 黄色 | 黄白色 | 白色 | 蓝白色 | 蓝色 |
|---|---|---|---|---|---|---|---|
| 恒星表面温度(单位:K) | 2 000~3 500 | 3 500~5 000 | 5 000~6 000 | 6 000~7 500 | 7 500~10 000 | 10 000~30 000 | 大于30 000 |

由于每一种颜色对应一个温度范围,我们只要分析恒星表面辐射的波长,就可以了解恒星表面的温度。

大约 90% 的"正常"的恒星在核聚变反应中把氢聚变为氦。除了这些"正常"恒星之外,还有红巨星和超巨星,它们耗尽燃料后,星核会变得更加炽热和致密,与此同时,这类恒星的外层膨胀并冷却,然后逐渐走向死亡,变得更红、更明亮。一些质量较大的恒星为了"延长寿命",会在超巨星阶段通过"燃烧"重元素来进行后续的聚变反应。

那恒星能够燃烧多久？恒星和我们人类生命历程类似，也要经历从诞生、成长到成熟、衰老的过程。大多数恒星的寿命在10亿到100亿年之间。恒星在氢核聚变反应的作用下逐渐达到状态最为稳定的时期，这也是恒星一生中最长的时期，处于这个时期的恒星被叫做主序星，这一时期又被称为主序星阶段。恒星步入晚年将慢慢变成巨星，其内部也从氢核聚变逐渐过渡到氦核聚变。这时恒星的核心温度超过1亿开，氦核在高温下聚变产生氧和碳。此时，恒星外层的氢气在高温作用下开始膨胀，体积比主序星阶段要大上数十倍，甚至数百倍。不过这个时期很短，大约只有主序星阶段的十分之一。不同质量的恒星通过不同方式走向终点。如果恒星的质量小于3倍太阳质量，其外层的气体被喷射到星际空间，残留下的核心最后变成白矮星。如果恒星质量是太阳质量的3~8倍，它就会发生超新星爆炸，然后灰飞烟灭。如果恒星质量大于8倍太阳质量，那么它就会在超新星爆炸后变成中子星或者黑洞（如图3.5.2）。

那我们不禁要问了，太阳到底还有多少寿命呢？其实这个问题困扰科学家们多年。回到19世纪，当时人们还不知道太阳到底是怎么产生热量的，其中两种假说反响最大，一种认为是恒星的引力收缩产生了热量和光，另一种则认为是我们最熟悉的化学燃烧产生了光和热。当然，我们现在知道这两种假说都是错误的。事实上只要确定了太阳的燃烧方式，太阳寿命多长的问题也就迎刃而解了，但是这个问题直到1920年才有了答案。

正如上文说到的，核聚变只需要很少的质量就可以转化为巨大的能量，但说到底还是会消耗物质。太阳的聚变反应每秒钟消耗400万吨（静止质量）的物质，我们不妨"杞人忧天"地来想想：太阳以如此巨大的速度"燃烧"，还能够烧多久呢？我们可以通过简单的计算得到一个近似的答案。太阳的质量大约是$2\times 10^{23}$万吨，如果每秒钟烧掉400万吨，那么每年大约要烧掉$10^{10}$万吨。因此，太阳如果按照这个速度进行核反应，大约还能燃烧$10^{13}$年，即10万亿年。这个结论多少让我们放下心来：太阳离它的"死期"还远着呢！实际上科学家们用更加精确的算法估计太阳的寿命约100亿年，太阳从形成至今已过了46亿年左右，还正值"壮年"。

恒星的演化是一个十分漫长的过程，每颗恒星从诞生到终结的演化过程各不相同，决定恒星寿命长短的主要是质量。你可能会认为质量越大的恒星可以燃烧更久，

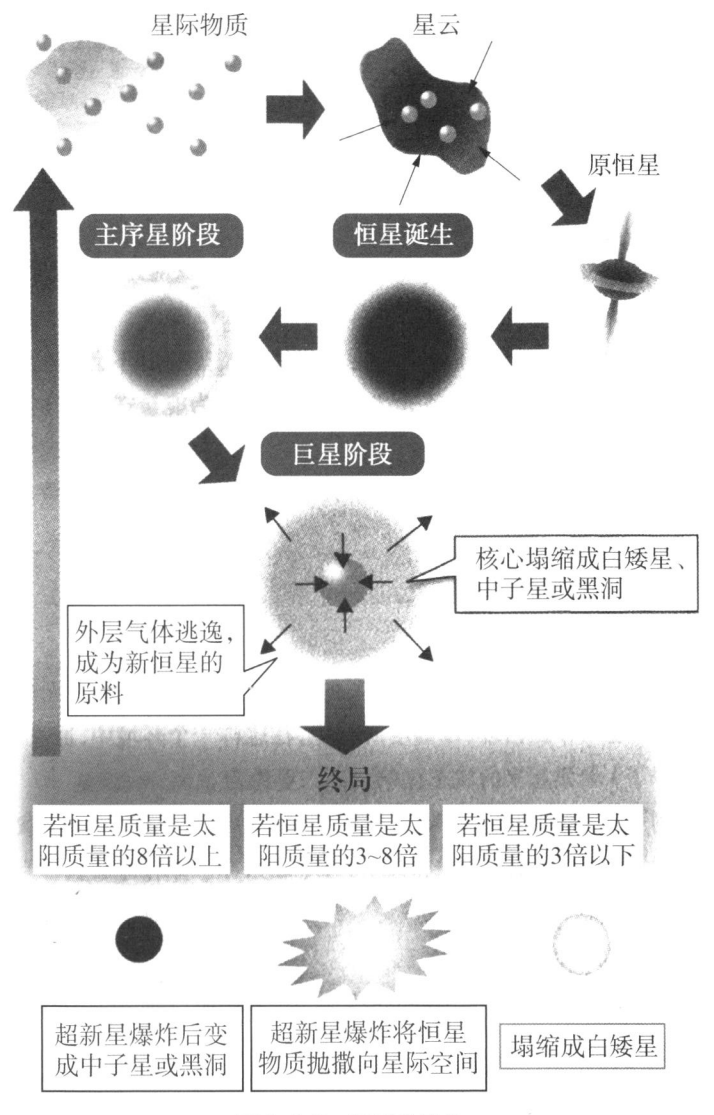

图 3.5.2 恒星的演化

寿命相应更长。事实却相反：质量越大，寿命反而越短；质量越小，寿命反而越长。比如，一个质量等于 60 倍太阳质量的恒星，寿命只有 300 万年，而质量是太阳一半的恒星，预期的寿命可达几百亿年，比现在宇宙的年龄还长，而大多数大质量恒星只能存在约 100 万年。

恒星一生的大部分时间都在把氢转化为氦。这种热核反应为恒星表面提供能量，恒星越明亮，它的氢消耗得越快。质量越大的恒星散发出百万倍的太阳光芒，因此,它们的聚变反应消耗氢的速度也是太阳的百万倍。而这类恒星的氢含量约是太阳的 100 倍,过度挥霍很快耗尽了它们的原料补给,它们的寿命也就只有太阳的万分之一。

## 3.6 夜空中哪颗星最亮?

夜空中最亮的星究竟是哪颗呢?有人说是北极星,有人说是天狼星,有人说是金星。要解决这个问题,我们需要先了解一下星等。

### 星等

什么是星等?或许你也听说过,星等是用来描述星星的亮度的,简单地说就是星星亮度的等级。那你知道 1 等星有多亮吗?5 等星呢?−2 等星呢?星等问题中可是有许多代数知识的,让我们从头说起。

公元前 2 世纪,古希腊天文学家希帕恰斯在爱琴海的罗德岛建立观星台,并在天蝎座看到一颗陌生的星星。为了描述这颗前人没有记录的星星,他决定绘制一份详细的星图。经过顽强的努力,这份标有上千颗恒星位置和亮度的星图诞生了。希帕恰斯按照亮度将恒星分成了不同的等级,最亮的 20 颗称为 1 等星(把一根蜡烛放在 1 000 米远处,它的视亮度跟 1 等星差不多),最暗的称为 6 等星,中间又有 2 等星、3 等星、4 等星、5 等星。希帕恰斯在 2 100 多年前创立的这一概念是世界上最早的"星等"概念,一直沿用至今。

图 3.6.1 希帕恰斯

不过,那时候的星等概念是有一定限制的,一方面它是相对于人眼看到的星星而言的,现在我们"看到"的星星可比过去多多了;另一方面随着科学的发展,根据肉眼所见的星星亮度来划分星等是比较粗略的,它已经不能满足新时代天文学家们的要求了,我们需要更加精确的、可量化的指标。

到了1850年,光度计开始应用于天体光度测量中,英国天文学家普森(Norman Robert Pogson, 1829—1891年)用光度计对肉眼可见的1等星到6等星的亮度作了比较,发现最亮的恒星(1等星)平均亮度是最暗的恒星(6等星)的100倍。天文学家们于是借助数学工具重新定义了星星的亮度。首先规定两个相邻等级的星星的亮度之比保持不变。换句话说,1等星比2等星亮几倍,2等星也要比3等星亮几倍,即按星等排列的星星的亮度是一个等比数列。用"$n$"来表示这个"亮度比",就可以得到:1等星的亮度是2等星的$n$倍;2等星的亮度是3等星的$n$倍;3等星的亮度是4等星的$n$倍;4等星的亮度是5等星的$n$倍;5等星的亮度是6等星的$n$倍。以此类推,可以得到1等星的亮度是3等星的$n^2$倍,是4等星的$n^3$倍,是5等星的$n^4$倍,是6等星的$n^5$倍,则$n^5=100$。由此求出这个亮度比$n=\sqrt[5]{100}\approx 2.512$。所以,星等每减小1等,星星亮度就增大2.512倍。

星等是天体光度学的重要内容。当然,现在对天体光度的测量非常精确,星等自然也分得很精细。因为星等范围太小,而我们看到的星星越来越多,所以天文学家又引入了负星等,来衡量极亮的天体。比如,对于亮度为1等星平均亮度的2.512倍的恒星,它应该被归为几等星呢?按上面的思路,我们应该称它为0等星。那么亮度是0等星的2.512倍的恒星又是几等星呢?依此类推,那它就是-1等星了。

另外,星等也可以用小数表示。比如某颗星星比1等星还亮,但其亮度不到后者的2.512倍,是后者的1.5倍或者2倍,它又该划分到哪一等级呢?它们的亮度处于1等与0等之间,我们可以用小数表示其星等,如"0.6等"或"0.8等"等,但它们所表示的亮度仍然符合等比例关系。

这一切其实都是从数学概念推广得到的,正如角度的定义,一开始只是定性的直角、锐角与钝角,到后来才有了0到360°的角,之后又拓展到任意角的概念。

## 恒星代数

前面我们说星等每减小1等,星星亮度约增大为原来的2.512(为计算方便,后面我们取2.5)倍,通俗讲,1颗1等星的亮度相当于2.5颗2等星亮度的总和。那么,请你算算,多少颗4等星的亮度才能比得上1颗2等星的亮度呢?

我们知道 2 等星的亮度大约是 4 等星的 $2.5^2 \approx 6.3$ 倍,也就是说,6.3 颗 4 等星的亮度才相当于 1 颗 2 等星的亮度。同理,15.8 颗 4 等星才相当于 1 颗 1 等星的亮度。我们来列个表看看 1 等星与其他星等的星星之间的数量关系,为达到 1 颗 1 等星的亮度,其他星等的星星需要的数量(单位:颗)如下。

| 2 等星 | 3 等星 | 4 等星 | 5 等星 | 6 等星 | 7 等星 | 10 等星 | 11 等星 | 16 等星 |
| --- | --- | --- | --- | --- | --- | --- | --- | --- |
| 2.5 | 6.3 | 16 | 40 | 100 | 250 | 4 000 | 10 000 | 1 000 000 |

我们先来看除太阳外全天最亮的恒星——天狼星(大犬座 $\alpha$ 星)。中国古人将船尾座和大犬座合起来想象成横跨夜空的一把大弓(弧矢),其箭头正对着天狼星(如图 3.6.2 所示)。天狼星其实是一个双星系统,由一颗蓝白色的蓝矮星(主星)和一颗蓝色的白矮星(伴星)组成,我们平常看到的是其主星。天狼星的星等为 $-1.5$ 等,是 0 等星亮度的 $2.5^{1.5}$ 倍,而 0 等星亮度又是 1 等星亮度的 2.5 倍,所以,我们可以算出天狼星亮度是 1 等星亮度的 $2.5^{1.5+1} \approx 10$ 倍。

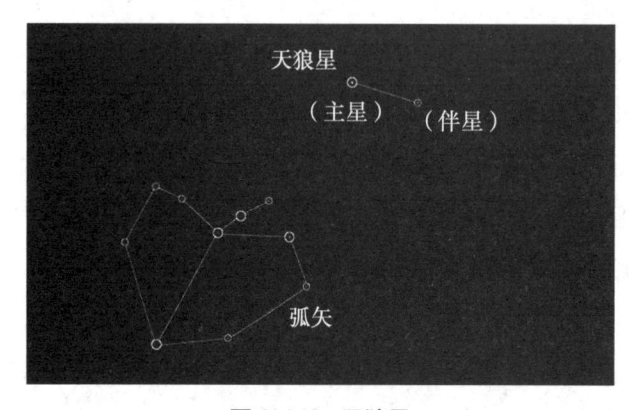

图 3.6.2 天狼星

再看老人星(船底座 $\alpha$ 星),因为中国古人认为它象征长寿,故又称其为"寿星"。我们古人对它是非常重视的,不过遗憾的是,它在夜空中的位置太偏南,我国北方不可见,只有长江流域以南的人们才能短时内在低低的南方天空看到它。正因为如此,人们也叫它"南极老人星""南极仙翁",不过它实际上离南极还很远。李白有诗言:"衡山苍苍入紫冥,下看南极老人星",说的是在南岳衡山上可以看见老人星。虽然老人星距离地球超过 300 光年,但其星等达到 $-0.7$ 等,是南半球最明亮的恒星,也是全天除太阳外第二亮的恒星。算一下就知道,它的亮度接近普通 1 等星亮度的 $2.5^{0.7+1}\approx5$ 倍。

最后还有一个有趣的问题,我们晚上看到的"满天繁星"加起来有多亮呢?换句话说整个星空(肉眼可见的所有恒星)的亮度大概是多少呢?

在解决这个问题之前我们需要知道,天空中我们能看到的星星大概有多少颗?虽然我们都说星星数不胜数,但实际上我们肉眼能看到的也只是有限颗而已。

天文学家们早就算出天空中除太阳和行星外目之所及的星星的数量了。在整个天空中,1 等星只有 20 颗,2 等星 46 颗,3 等星 134 颗,4 等星 458 颗,5 等星 1 476 颗,6 等星 4 840 颗。将 1 等星到 6 等星加起来,总共为 6 974 颗。也就是说,天空中我们可以看到的星星其实不到 7 000 颗。当然,晚上某一时刻我们只能看到半个天球上的星星,即 3 000 多颗,但它们已经铺满我们的夜空了。

为了方便计算,我们假设,夜空中 1 等星有 10 颗,根据上面的数据我们知道,某等星的数量大约是低其 1 等的恒星数量的 3 倍,而其亮度约为后者的 $\frac{1}{2.5}$。若将 1 等星的亮度设为 1,那么夜空中所有可见星星的总亮度就可以表示为:

$$10+\left(10\times3\times\frac{1}{2.5}\right)+\left(10\times3^2\times\frac{1}{2.5^2}\right)+\cdots+\left(10\times3^5\times\frac{1}{2.5^5}\right),$$

由等比数列求和公式可得,原式 $=\dfrac{a_1\times(1-q^n)}{1-q}=\dfrac{10\times\left[1-\left(\dfrac{3}{2.5}\right)^6\right]}{1-\dfrac{3}{2.5}}=95$。

也就是说,满天繁星的总亮度大约相当于 100 颗 1 等星的亮度。根据星等每减小 5 等,亮度增大 100 倍,我们还可以得出,满天繁星的总亮度也就相当于 1 颗 $-4$ 等星的亮度而已。

若算上用天文望远镜看到的星星又会如何呢?当今世界上最大的天文望远镜能看到暗至 24 等的天体,而哈勃望远镜所能拍摄到的最暗天体可达到 30 等。用同样的方法,我们可以算出包括肉眼看到和天文望远镜看到的所有恒星的亮度之和也就相当于 1 100 颗 1 等星的亮度,或者是 1 颗 $-6.6$ 等星的亮度。

图 3.6.3　哈勃望远镜

## 太阳系中的星等

最初用于评定恒星亮度的标尺其实还可以用在其他天体——行星、太阳、月球上。由于行星(反射太阳光)的亮度是会变化的,因此我们选取其最亮时候的星等,列出地球上看到的行星的星等表(如下):

| 行星 | 金星 | 火星 | 木星 | 水星 | 土星 | 天王星 | 海王星 |
| --- | --- | --- | --- | --- | --- | --- | --- |
| 星等 | −4.3 等 | −2.8 等 | −2.5 等 | −1.2 等 | −0.4 等 | 5.7 等 | 7.8 等 |

可见上表中前 5 颗星最亮时都是负星等,而天王星大约是 6 等,因此肉眼很难观察到,海王星更是在 8 等左右,最亮时也无法用肉眼观察到。这也解释了为什么古人都只注意到前 5 颗行星。

这 5 颗肉眼可见的行星差距还是很大的,金星是最亮的,火星次之,金星与木星相差 1.8 等,即亮度相差 $2.5^{1.8} \approx 5$ 倍之多。最亮的恒星天狼星也只能排在木星之后。金星最亮的时候可足足是天狼星亮度的 $2.5^{2.8} \approx 13$ 倍呢!由此可见,暗淡的土星也比夜空中绝大多数恒星(天狼星与老人星除外)都明亮。这也就是为什么个别行星有时在白天也能被我们看到,但同样在白天,用肉眼是完全看不到任何一颗太阳以外的恒星(古代天狼星除外)的。

我们再来看看太阳与月球。在常识中太阳与月亮从来都是与其他星星区分开的,因为它们在我们眼中的体积与其他星星相比实在太大了。不过,既然它们都是天体,星等的概念自然也是适用的。太阳的星等其实是$-26.8$等,满月时的月亮的星等则是$-12.6$等。

或许你会感叹:太阳的星等原来只是月球的2倍多啊!可是不要忘了,星等所表示的亮度可是一种底数为2.5的幂,因此简单比较星等没有多大意义。我们算一下它们之间的亮度比就可以知道,太阳亮度是1等星亮度的$2.5^{26.8+1}=2.5^{27.8}$倍,同理,满月的亮度是1等星亮度的$2.5^{12.6+1}=2.5^{13.6}$倍,故太阳的亮度是满月亮度的$\frac{2.5^{27.8}}{2.5^{13.6}}=2.5^{14.2}\approx447\,454$倍。这个数值可以解

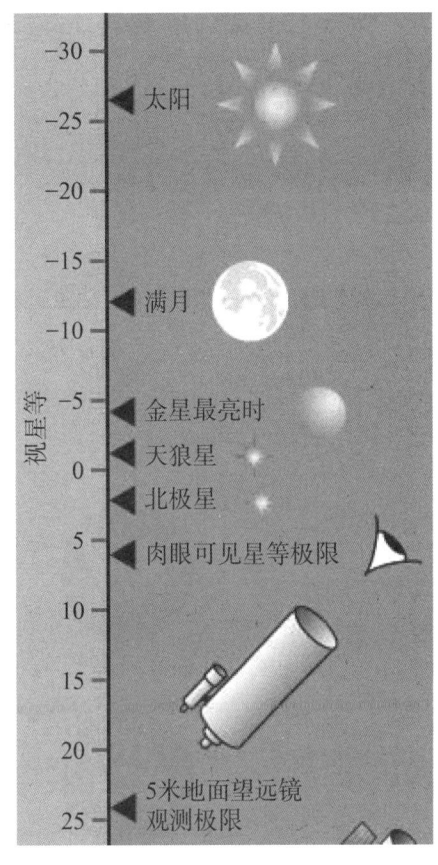

图3.6.4 各天体星等比较

释为:晴朗的白天太阳照射在地球上的光约是无云的夜里满月反射到地球上的光的45万倍。

我们再比较一下两颗恒星——太阳与天狼星。按前面的算法,我们可以得到:$\frac{2.5^{26.8+1}}{2.5^{1.5+1}}=2.5^{25.3}\approx11\,700\,000\,000$,即太阳的亮度约是天狼星亮度的117亿倍!

知道了星等的算法,我们还可以得到许多有趣的结论,比如前面讨论过的满天繁星的亮度之和,很明显我们由数值可以看出满月的亮度比整个夜空所有星星的亮度之和还要大,那么它是后者的多少倍呢?我们已经知道,满天繁星亮度之和大概是100颗1等星的亮度,满月则相当于$2.5^{13.6}\approx258\,216$颗1等星的亮度,二者的亮度比约为2582,即满天繁星的亮度之和还不到满月亮度的$\frac{1}{2\,500}$。

再进一步,你能算算晴朗的白天太阳的亮度是无云的深夜里满天繁星亮度的多少倍吗?结果会让你震惊。

## 绝对星等

我们前面讨论的星等实际上都是视星等。视星等是地球上的观测者所见的天体的亮度,由于人眼对黄色最敏感,因此视星等也可称为黄星等。除了视星等,天文学中用得较多的是绝对星等。

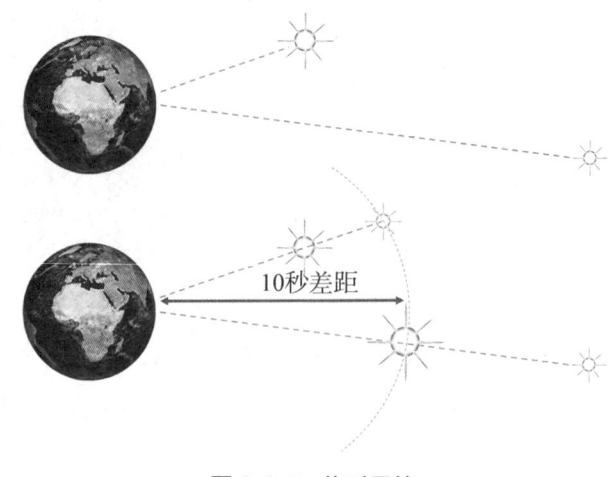

图 3.6.5 绝对星等

绝对星等是在距天体 10 秒差距处所看到的天体亮度。为何有这样一个定义?我们都知道,亮度除了与恒星的发光能力有关,还与距离有关,对于发光能力相同的恒星,距离越远,亮度越小,因此为了"公平起见",有必要将所有的星星拉到同一距离,再去比较亮度大小,这样得到的就是绝对星等。这个"同一距离"天文学上规定为 10 个秒差距,约等于 $3 \times 10^{12}$ 千米。

绝对星等比较的其实是恒星的真正亮度,又称为光度。光度就是恒星每秒辐射的总能量。恒星的大小和温度是决定恒星光度的两个重要物理量。恒星的光度与绝对星等之间存在密切的关系。绝对星等相差 1 等,光度相差 2.5 倍,这和视星等与视亮度之间的关系是类似的。

我们又一次把两颗恒星——太阳与天狼星拿来比较。天狼星的绝对星等是 1.3

等,太阳的绝对星等是4.8等,这就意味着,如果把天狼星与太阳都放在距地球$3 \times 10^{12}$千米处,我们看到的天狼星应该为1.3等,而太阳为4.8等,可算得$2.5^{4.8-1.3} = 2.5^{3.5} \approx 25$。因此,尽管太阳的可见亮度是天狼星的117亿倍,但其真正亮度只有天狼星的$\frac{1}{25}$。

恒星之间的光度差别非常大。以太阳为标准来比较,织女星的绝对星等是0.5等,它的光度是太阳的50倍。超巨星"天津四"的绝对星等大约是$-7.2$等,其光度是太阳的50 000多倍。还有一颗在星空中极不起眼的天蝎座"尾宿三",视星等只有4.7等,但它的绝对星等是$-8.5$等,它的光度几乎是太阳光度的20万倍。事实上,超过太阳光度100万倍的恒星比比皆是。

前面提到,天文学家把光度小的恒星称为矮星,类似地,把光度大的恒星叫做巨星,光度比巨星更大的叫超巨星。根据表面积愈大光度也愈大的规律,我们可以知道,光度大的巨星,体积也大,光度小的矮星,体积也小。其实,我们的太阳只是一颗黄色的矮星而已,相比之下它的光度比较弱,但还有比它更弱的矮星。

我们目前已知的最亮的恒星是大麦哲伦星云中一颗编号为R136a1的恒星,它的绝对星等是$-12.5$,这就意味着,即便把它放在距地球10秒差距处,其亮度仍相当于满月时的亮度,而它的光度接近千万倍的太阳光度!

## 3.7 更远的星系是怎么测距的?

上一节我们讨论了星星的亮度,这一节我们来探讨星星的距离。在第一章中我们已经计算出一些天体的距离,比如地球与太阳之间的距离,我们定义地日距离为1天文单位,之后又介绍了光年与秒差距这两个更大的天文"尺子"。我们一般用天文单位描述较近的天体的距离,比如太阳系内行星之间的距离等,那么,哪一些天体的距离需要用到光年与秒差距作为单位呢?对于这么远的星体或者星系我们又是如何测出它们到地球的距离的呢?

## 什么是星系?

星表是记载天体各种参数(如位置、运行速度、星等、光谱型等)的表册。通过天文观测编制星表,是天文学中很早就开展的工作之一。中国战国时期魏国天文学家石申著有《天文》八卷,后世称为《石氏星经》,其中载有121颗恒星的位置。这是世界上最古老的星表,今已失传。现在最常用的星表是梅西耶星表或NGC星表。此时你会发现,星表中有三个类似的概念:星系、星云、星团。这三者是有区别的,但早期的天文学并未清楚区分,将它们都划归为一些不能被视作恒星的发光区域。因而这三个概念都出现在星表中,直到1924年,哈勃奠定了河外天文学基础,才将三者的界限区分开来。那么这三个概念有何区别呢?它们与我们常见的"星座"之间又有什么关系呢?

**星系**:在茫茫的宇宙海洋中,千姿百态的"岛屿",星罗棋布,它们由无数颗恒星和各种其他天体组成,天文学称之为星系。我们居住的地球就在一个巨大的星系——银河系之中。星系中的恒星非常多,从总体上看,星系一般包含上亿颗恒星,并且它们和银河系平级,都是一个个独立的恒星集团。在银河系之外的宇宙中,像银河系一样的星系还有上亿个,它们被统称为河外星系。星系的规模大小不等,从包含100万颗左右的恒星的小星系,到由100万亿颗左右的恒星组成的巨大星系,不一而足。一般情况下,人们采用哈勃序列来划分星系,主要将其分成三类:椭圆星系、旋涡星系和不规则星系。我们所在的银河系是由2 000亿~4 000亿颗恒星组成的,属于最普通的旋涡星系。不过哈勃序列是基于星系的视觉形态,可能会遗漏星系的某些重要特征。

**星团**:在银河系众多的恒星中,除了以单星(如太阳)、双星(如天狼星)、聚星(如南门二)的形式出现外,还有通过更多的星星聚集在一起的。星数超过10颗,彼此具有一定联系的恒星集团,称为星团。星团的成员多的可达几十万颗。一般情况下,恒星诞生之初会因引力而相聚一团,所以恒星常常是成团诞生。星团分为两类,一种是疏散星团,一种是球状星团。二者的形态、演化是完全迥异的。某些含有超过百万颗恒星的星团可视为微缩版的星系。

**星云**:星云是一种由星际空间的气体和尘埃组成的云雾状天体,被周围恒星照亮而发出美丽的光芒，星云既可能是恒星诞生的温床，也可能是恒星死亡的墓场。星云中的物质密度是非常低的，如果以地球密度为标准，星云中有些地方几乎是真空，但星云的体积非常庞大，往往绵延几十光年，因此，星云的质量一般比太阳还要大得多。星云的形状千姿百态。有的星云形状很不规则，呈弥漫状，没有明确的边界，被称为弥漫星云；有的星云像一个圆盘，发出淡淡的光，很像一个大行星，所以又称为行星状星云。

可见，星云内其实并不存在恒星，只包含一些以气体分子为主的物质，而星团是由少量恒星构成的，星系则是由大量恒星组成的。

**星座**：相对于星系、星团、星云，星座更具有感性的意味。星座是依据夜空中所能观测的恒星的聚合形态来划分的，划分的依据是视觉效果而不是真实的恒星位置，因而同一星座的恒星往往来自不同的星系，它们从宇宙的不同位置发出的可见光同时被观测者接收，就被人为划分成了星座。

## 分光视差法

我们都知道，对于距离我们较近的恒星，我们可以采用三角视差法测出距离，但这个方法并不是万能的，恒星距离大于 100 秒差距时测量起来就比较困难了，由于角度变化太小，误差也变大了。

其实，天文学家利用三角视差法测量了大约 12 万颗星星的距离，尽管 12 万颗星星对我们而言已经是很了不起的数字了，但这不过是星辰大海中的一小滴而已。如图 3.7.1 所示，银河系的半径大约是 15 000 秒差距，而太阳距离银河系的中心大约 8 000 秒差距，可见三角视差法连银河系的边都"摸不到"呢！那么，怎样才能测量更远的距离呢？

设想你是为此苦恼不已的天文学家，一边感叹人类的渺小，一边走在街灯璀璨的路上。这时，你会注意到一件很平常的事情：明明每个街灯安装的都是 60 瓦的灯泡，可是近处的灯显得那么亮，越往远处的灯却渐次暗了下去。因此，我们看到的灯的亮度，不仅与它的功率有关，还与它到观察者的距离有关。正是这个细节，为天文学家们照亮了那些"三角视差法"未能涉足的"黑暗区域"。

天文学家知道，天上绝大多数的星星都是像太阳一样的恒星，而每一颗恒星其实

图 3.7.1 银河系

与灯泡一样，有自己的"瓦数"。天文学家将这种与灯泡"瓦数"类似的、表示发光本领的物理量称为"光度"。上一节介绍过的"绝对星等"比较的正是恒星之间的光度。

　　星星的亮度怎么跟距离扯上关系了呢？其实很简单，如果一个 60 瓦的路灯发出的光在你看来只相当于一个 20 瓦的路灯发出的光，那你就可以算出这个路灯离你有多远了。同样的道理，知道一颗恒星的光度（绝对星等）和视星等，那我们也可以算出距离！

　　视星等我们还是很好得到的，那么现在的问题就是，我们怎么知道这颗恒星的光度呢？天文学家研究了距离已知的那 12 万多颗星星，用它们的视星等和距离得到了它们的光度，再仔细研究每颗星星的光谱特征，结果发现，主序星的光谱特征与其光度存在很好的对应关系。这就像商场商品上的条形码一样，一个条形码对应一种商品，而一种光谱似乎也对应着一个大致的光度。

　　有一些看不出来周年视差的星星是可以分析出其光谱特征的。如果它们又碰巧是主序星，那么就可以用这种对应关系得出它们的光度，再与视星等对比，经过换算就可以计算距离了。天文学界把这套通过分析光谱计算距离的方法称为分光视差法。

　　或许有人要问了，这里又没有"视差"，为什么上面这个方法叫"分光视差法"，而不叫什么"分光测距法"之类的呢？在第一章的介绍中我们发现，"秒差距"单位制中，距离与视差是简单的倒数关系，也就是说视差取个倒数再乘以一个常数就得到距离了。时间一久，人们就认为视差和距离是一回事，加上三角视差法所立下的测定 12 万多颗星星距离的丰功伟绩，人们就阴差阳错地这样命名了。因此，这里的"视差"并没有什么特殊的含义。

分光视差法又有多大的本事呢？它可以测量距离我们 50 000 秒差距的星星呢！有了这个方法，我们终于可以"走出"银河系了。

## 造父视差法

虽然上面的方法已经很不错了，但 50 000 秒差距对于更广阔的宇宙来说还是不够的。分光视差法的缺陷在于：遥远的恒星本来就不太亮，白光分解成光谱后，光谱的分辨率就不高了。也就是说，通过比较恒星的"瓦数"（光度）与其视星等来测量距离这条思路是可以保留的，只是对于遥远恒星的光度的测量不能再靠光谱了。天文学家们需要另辟蹊径。

绝大多数恒星的亮度都是不变的，但也有些恒星的亮度是会发生变化的，我们称之为变星。至今发现的变星已经超过两万颗，其种类繁多，有一类亮度存在周期变化的恒星被称为造父变星，如此命名是因为第一颗被发现满足这样特征的恒星是仙王座中的"造父一"。这颗恒星的体积和亮度是会发生周期性改变的，体积变小，其亮度也变小，最暗时星等为 4.4 等，体积变大，其亮度也变大，最亮时星等为 3.7 等，变光周期约为 5.3 天。所有造父变星的变光周期并不都是一样的，周期短的只有 1 天多，周期长的则有 50 天以上。天文学家研究了已经测出距离的造父变星，发现其光度与

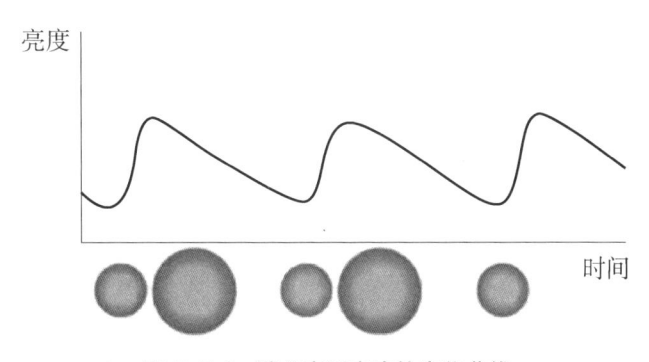

图 3.7.2　造父变星亮度的变化曲线

变光周期之间有着密切的关系,变光周期越长,光度越大。这样,只要测出造父变星的变光周期,就容易估计出它的光度(一般以绝对星等表示),而知道了绝对星等,再结合视星等就可以算出距离了。如果两颗造父变星的变光周期相等,那么它们的绝对星等相等;如果再测出它们的视星等相等,那么它们到地球的距离也相等。

如果要测量某银河系外的星系到我们的距离,那么可以先尝试在该星系中找出一颗造父变星,我们就可以知道这个星系到地球的距离了。由于造父变星在天文测距中发挥了巨大作用,人们通常将造父变星称为"量天尺"。

美国著名天文学家哈勃(Edwin Hubble,1889—1953年)就是利用仙女座星系中的造父变星,测定了仙女座星系到地球的距离,随后巴德(Walter Baade,1893—1960年)又对其进行了修正,证实它是一个河外星系。今天,我们对仙女座大星系距离的最佳估算值是254万光年左右,约为70多万秒差距。

# 第四章　数学天文是一家

## 4.1　世界上第一位科学家是谁？

提到泰勒斯（Thales，约公元前 624—前 546 年），或许很多人都不甚了解。认识他的读者大概知道他是一名哲学家，也有的人认为他是一名数学家，很少有人了解到他是世界上最早的科学家，实际上他还是一名天文学家。要知道，泰勒斯在世的时候，可没有人称他为哲学家，那时"Philosopher"（哲学家）这个词还没有产生呢！当年他是作为一个天文学奇才而名声大振的，他家乡的人最引以自豪的也正是这一点，在为他立的雕像上镌刻了这样一句铭文："这里站立着最智慧的天文学家泰勒斯，他是米利都和伊奥尼亚的骄傲。"

图 4.1.1　泰勒斯

哲学和天文学有一个共同的始祖，这应该不是巧合。哲学始于抬头观天的静思，天文学也有赖仰望星空的默想。倘若只埋首于人间事务，那就只是生活在局部之中，只有抬头看天，才意味着跳出了局部，把世界整体当作思考的对象，这正是哲学的特征。泰勒斯抬头看天，看出了宇宙的若干小奥秘，成了天文学家，更看出了宇宙的某种不可言传的大奥秘，成了哲学家。可见哲学与天文学有着某种奇妙的联系。

泰勒斯创建了古希腊最早的哲学学派——米利都学派。他是古希腊七贤之一，是西方思想史上第一位有记载的思想家，也是西方第一位自然科学家和哲学家，被称为"科学和哲学之祖"。

泰勒斯出生于古希腊繁荣的港口城市米利都，他的家庭属于奴隶主贵族阶级，据说他有希伯来人和腓尼基人血统，所以他从小就受到了良好的教育。泰勒斯早年其实是一名商人，曾到过不少东方国家。他曾到古巴比伦，学习当地人观测日食、月食的方法，并掌握了海上船只测距等知识；他也曾到古埃及，他从那里知道了土地丈量的方法和规则等；他还到过美索不达米亚平原，在那里学习了数学和天文学知识。之后，他从事政治和工程活动，并研究数学和天文学，晚年研究哲学，招收了不少学生，这才创立了米利都学派。

泰勒斯在多个领域都有建树，在哲学方面，他试图借助经验观察和理性思维来解释世界。他是古希腊第一个提出"什么是万物本原？"这一哲学问题的人，因此被称为"哲学史第一人"。他在科学方面（包括数学和天文学）成绩斐然。下面，我们就来介绍一下泰勒斯在天文学和数学方面的一些成就。

## "如果太阳没有暗下来就找你算账"

在天文学方面，泰勒斯做了很多研究，其中最为人们津津乐道的是正确地解释了日食的原因，并预测了一次日食。故事是这样的：

2 700多年前，人们还处在蒙昧状态，对自然现象尚不理解。这时的泰勒斯却已经在苦苦思索日食现象背后的原因。他坚信自然中蕴含着真理，人类是可以探索这一真理的。经过一番观测和思考，泰勒斯对日食的原因已经了然于心，但当时的人们根本不相信科学，也没有人愿意去听他对日食所作的解释，有人甚至讥笑他。泰勒斯决心用事实去教育这些愚昧的人们。

于是，他开始仔细地推算将要发生日食的日期，得出这个日期是公元前585年5月28日。人们对泰勒斯的预言不以为然，都认为他在痴人说梦，嘲笑他说："天上的事，你还能知道？"更有人不怀好意地说："等着瞧吧，到了那天，如果太阳没有暗下来，我们就找你算账！"

这一天终于到来了。男女老少都不约而同地来到广场、街头，两眼直愣愣地盯着耀眼的太阳，谁会相信它会在顷刻之间变暗呢？可是奇迹发生了，就在泰勒斯预测的时间，火球般的太阳仿佛突然被一个黑影遮住了。这时，人人都惊奇得哑口无言，对泰勒斯的预言佩服得五体投地。

不过我们更为关心的是另一个重要的问题，泰勒斯是怎样预知日食的呢？后人做过种种推测和考证，一般认为他应用了迦勒底人发现的沙罗周期。我们在 1.7 节介绍日食时曾提到沙罗周期，一个沙罗周期等于 223 个朔望月，即 18 年加 11 日（若其间有 5 年闰年则是 18 年加 10 日）。日月运行是有周期性的，日月食也有周期性。日食一定发生在朔日，假如某个朔日发生日食，18 年 11 日后的那天又是朔日，这意味着日月大致回到原来的位置上，因此很有可能发生类似的现象。不过一个周期之后，日月的位置与它们上一次的位置只是近似相同，与上一次日食相比，这次能看见日食的地点和日食的景象都可能有所变化，有时甚至根本不发生日食。泰勒斯大概知道公元前 603 年 5 月 18 日出现了日食，所以侥幸猜对。当然关于这件事，还有其他一些说法，没有统一的定论。

不过，当时泰勒斯不仅能理解日食的原因，而且认为太阳是一个无比巨大的物体。他对太阳的直径进行了测量和计算，结果他得出太阳的直径约为日道（即太阳运行一年的轨道周长）的 $\frac{1}{720}$。这个答案居然只比现在我们用最新的科学方法计算出来的数字小了一点点，这简直不可思议！为了方便读者理解，我们按地日距离为 15 000 万千米进行计算，将泰勒斯的计算结果换算成现代单位大概是 130.8 万千米，而现在我们知道的太阳直径大约是 139.2 万千米，可见 2 700 多年前泰勒斯的测算与当今所测得的太阳直径是多么接近！

泰勒斯对太阳的观察还不止于此，他甚至确定了一年的时间是 365 天。在当时没有任何天文观察设备的情况下，得到这样的发现是很了不起的。这个结论或许会让许多读者觉得匪夷所思，他到底是怎么做到的呢？我们猜测，泰勒斯可能是通过正午日影长度的变化周期得到一年时间的。如果是这样的话，其实你也可以自己测测一年的时间，或许还比泰勒斯更为准确呢！比如，每天观察同一物体的影长，记录该影长的最小值，这样你每天都可以得到一个对应的最短影长。日复一日，你会发现，每日最短影长其实是变化的。我们现在都知道，在北半球，每年冬至日是正午影长最长的时候，而夏至日是正午影长最短的时候，那么今年冬至日到次年夏至日不就是半年的时间了吗？或者更准确地说，连续两次出现正午影长最短所间隔的时间就是一年的时间了。

除了观察白昼，泰勒斯自然也好奇璀璨的夜空。北方天空中最明亮、最重要的星座之一——小熊星座就是泰勒斯发现的。如图 4.1.2 所示，这是距北天极最近的一个星座，而且组成"小熊"尾巴的最末端那颗星星就是我们熟悉的北极星了，换句话

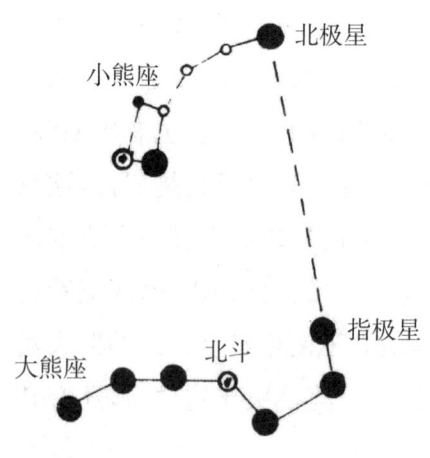

图 4.1.2 大熊星座与小熊星座

说,北极星就在小熊星座尾巴上。

泰勒斯在计算后得知,按照小熊星座航行比按大熊星座航行要准确得多,他把这一发现告诉了那些航海者。在中国发明指南针之前,小熊星座就相当于一个天然的"指南针"。古代没有多少空气污染与光污染,星空十分璀璨,观察小熊星座并不是什么难事。不过对于现在身居城市的读者来说,或许小熊星座已经不那么容易观察到了,因为小熊星座中除了北极星,其他星星亮度都不大,很难观察到,反而是大熊星座的尾巴,也就是我们熟悉的"北斗七星",亮度更大,更容易为我们辨明方向。晴朗的夜晚,找一个灯光较少的空旷地方,在北方的天空,或许你还能找到"北斗七星",再沿着"勺子"头部所指的方向,你或许还可以找到北极星呢!

**如何测量金字塔的高度?**

泰勒斯的数学家身份也是毋庸置疑的,我们初中学习的大部分平面几何知识其实是由泰勒斯首创的。他倡导理性,不满足于直观的、感性的、特殊的认识,崇尚抽象的、理性的、一般的知识。譬如,等腰三角形的两底角相等,这一性质不仅适用于我们所能画出的、个别的等腰三角形,还适用于所有的、理想的等腰三角形。这就需要论证、推理,以确保数学命题的正确性,使数学具有理论上的严密性和应用上的广泛性。泰勒斯的这一理念为毕达哥拉斯(Pythagoras,约公元前 580—前 500(490))创立理性的数学奠定了基础。

他在数学方面划时代的贡献就是引入了命题证明的思想。它标志着人们对客观事物的认识从经验上升到理论,这在数学史上是一次不寻常的飞跃。或许有人会抱怨了,"原来就是泰勒斯'发明'了'证明'这个东西啊,害得我们现在学数学除了计算还要求证!"其实,证明思想纳入数学范畴内是迟早的事情,因为数学是一门逻辑严密的学科,它是没有"黑匣子"的领域,而要战胜"模糊","证明"就是我们最重要的"武器"。在数学中引入逻辑证明的重要意义在于:保证了命题的正确性;揭示各定理之间的内在联系,使数学构成一个严密的体系,为进一步发展打下基础;使数学命题具有充分的说服力,令人深信不疑。我们更应该惊讶的是,公元前的泰勒斯居然已经在进行严格的逻辑推理和证明了!

泰勒斯曾发现不少平面几何学的定理:(1)直径平分圆周;(2)等腰三角形等边对等角;(3)两条直线相交,对顶角相等;(4)三角形两角及其夹边已知,此三角形完全确定;(5)半圆所对的圆周角是直角(或一边为圆的直径的内接三角形一定是直角三角形)。其中第(5)个定理就被命名为泰勒斯定理。该定理在欧几里得《几何原本》第三卷中被提及并被证明。泰勒斯定理的逆定理同样成立,即直角三角形中,直角的顶点在以斜边为直径的圆上。

这些定理虽然简单,古埃及、古巴比伦人也许早已知道,但是泰勒斯把它们整理成一般性的命题,论证了它们的严格性,并在实践中广泛应用。

据说,一年春天,泰勒斯来到埃及,人们想试探一下他的能力,就问他能否测出金字塔有多高。泰勒斯很有把握地说可以,但有一个条件,即法老必须在场。第二天,法老如约而至,金字塔周围也聚集了不少围观的百姓。

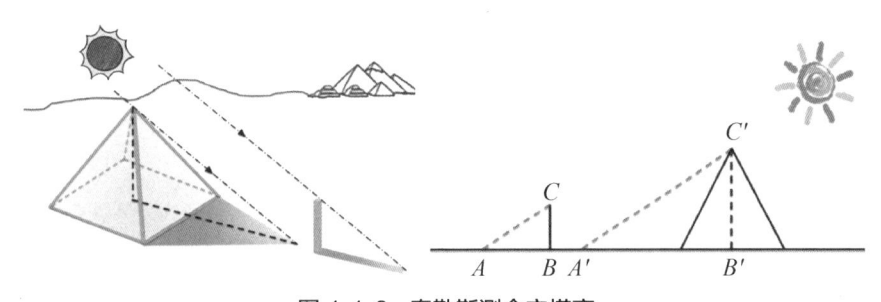

图 4.1.3 泰勒斯测金字塔高

泰勒斯来到金字塔前,阳光把他的影子投在地面上。每过一会儿,他就让别人测量他影子的长度,当测量值与他的身高完全吻合时,他立刻将金字塔顶投在地面上的影子做上记号,然后再丈量塔底到塔顶投影的距离。这样,他就报出了金字塔确切的高度了。在法老的请求下,他向大家讲解了如何从"影长等于身长"推理出"塔影等于塔高"的过程,其中用到今天所说的相似三角形的性质。

泰勒斯还用相似三角形解决了许多生活问题,例如:

岸边有一塔,高为37.8米,爬上塔顶后手拿1.2米的杆子平行于地面,调整杆子

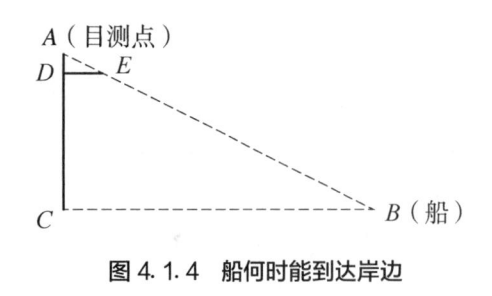

使视线通过末端恰好可看见远处的船,测得眼睛到杆子的竖直高度为 0.2 米,求船到岸的距离。

相信读者们一定也可以像泰勒斯一样解决这样的生活问题。

图 4.1.4 船何时能到达岸边

## 4.2 谁最早提出地心说?

提到日心说,你自然而然会想到哥白尼,那么对于与之相对的地心说,你又能想到谁呢?我们都知道,地心说的代表人物有亚里士多德、托勒密等,但其实在他们两位之前就已经有人提出了地心说,他便是本节的主角——欧多克斯(Eudoxus,约公元前 400—前 347 年)。

欧多克斯是古希腊数学家、天文学家。大约在公元前 400 年,他出生于小亚细亚的尼多斯的一个医生家庭,早年曾学习医学,后来跟随当时著名的数学家阿尔希塔斯(Archytas,生卒年不详)学习几何。

这里需要提到另一位伟人——柏拉图(Plato,公元前 427—前 347 年)。他当时是雅典最伟大的哲学家,曾周游世界各地,向许多伟大思想家学习,后来逐渐形成自己的哲学思想体系。公元前 378 年,他返回雅典,建立了世界闻名的柏拉图学园。学园创立不久,就成为当时的思想中心,许多学者慕名而至。

柏拉图非常推崇数学的严密逻辑和美感,认为数学是锻炼人思维的最佳途径,于是将懂数学作为进入学园学习的必要条件。据说柏拉图在他所创办的学园的大门口就贴着"不懂几何学者不得入内"的牌子,可见数学在古希腊思想文化中的重要性。虽然柏拉图本人不是数学家,但他创立的柏拉图学园却以其独特的风格培养了许多杰出的数学家,这其中就包括欧多克斯,因此人们称柏拉图为"数

图 4.2.1 柏拉图

学家的缔造者"。

当时,欧多克斯从阿尔希塔斯那里学成归来,踏进雅典这座城市时便被柏拉图学园深深吸引,他怀着极大的热情进入刚成立不久的柏拉图学园。在柏拉图学园求学时,欧多克斯生活贫困,为了节省费用,被迫在离学园 10 多公里远的地方住宿,每天不得不往返于两地之间,但他还是坚持了下来。

后来的欧多克斯被认为是仅次于阿基米德(Archimedes,公元前 287—前 212 年)的希腊数学家,他的数学贡献主要包括比例论和穷竭法两个方面。后来,欧多克斯前往埃及,在那里学习天文学,所以他还是一位著名的天文学家。

为何那么多天文学家都是数学家呢?其实,在古希腊,天文学是数学的一个分支,天文学研究的目的是创造可以模拟天体运动现象的几何模型。这个传统始于毕达哥拉斯学派。毕达哥拉斯学派将天文和算术、几何、音乐并举为四种数学技艺,后来由这四种技艺组成的数学研究就被称为"四艺"。柏拉图就曾在《理想国》中将"四艺"作为哲学教育的基础。

成名之后的欧多克斯在锡塞克斯(今土耳其的西北岸)建立了自己的学校,开始传道授业。过了一段时间,欧多克斯将学校迁到了希腊,那个他曾经求学的地方,那时候的他已经是一位著名的哲学家了。他专门去拜访他的老师柏拉图,柏拉图为他准备了盛大的宴会。之后,欧多克斯便一直留在希腊授课。欧多克斯虽然没能像柏拉图那样教出众多伟大的学生,但是也有像卡里普斯(Callippus,生卒年不详)这样在天文学上做出过较大贡献的学生。

历史上对于欧多克斯的生平简介描述甚少,我们也只能从仅有的史料中发掘他的信息。但是欧多克斯对天文学和数学的贡献是巨大的,为后世理论研究奠定了基础。

## 比例论与黄金分割

"比例论"是为了解决由无理数引发的数学危机而推出的一种方法和理论,对之后实数的构造发挥了不可替代的作用。

欧多克斯首先提出了一条重要公理,这一公理现在被表述为"对于任意两个正数 $a$、$b$,必存在自然数 $n$,使得 $na > b$ 成立"。然后他运用公理法,建立了比例理论,其中包含了相当严密的实数定义。

欧多克斯引入"量"的概念,指出它代表线段、角、时间、面积、体积等能够连续变化的事物,而不是代表具体的数。由此出发,他定义了两个量的比,这样就把可公度比(可表示成整数之比)与不可公度比(不能表示成整数之比)统一起来。毕达哥拉斯学派发现不可公度量(如$\sqrt{2}$),引发了第一次数学危机,欧多克斯用他的理论成功化解了危机。这些理论也构成了欧几里得《几何原本》第五卷的主要内容。

欧多克斯还提出了"中外比"(或称"中末比"),或许你对这个术语感到陌生,但一提到"黄金分割"应该会感到很熟悉,有人认为这是欧多克斯最伟大的贡献。我们先来看看现被称为"欧多克斯构想"的问题:能否将一条直线分成两个不相等的线段,使得较长部分与全长之比等于较短部分与较长部分之比?在研究这个问题的基础上,欧多克斯率先在数学史上提出了"中外比"的概念,也就是著名的黄金分割问题,其中小线段与大线段之比就是我们所熟知的黄金分割。

若设大线段长度为 $1$,小线段长度为 $x$,则整条线段的长度是 $(1+x)$,根据题意有 $\dfrac{1}{1+x}=\dfrac{x}{1}$,可得到方程:$x^2+x-1=0$,其正根为 $x=\dfrac{\sqrt{5}-1}{2}\approx 0.618$,该数值即"中外比",也叫"黄金分割"。

$$\dfrac{AC}{AB}=\dfrac{CB}{AC}=0.618$$

图 4.2.2 黄金分割

欧多克斯发现了这种分割的许多特殊性质。如今的黄金分割被广泛地应用于绘画、摄影等(如图 4.2.3 所示),成为人们构造优美造型的最佳选择。

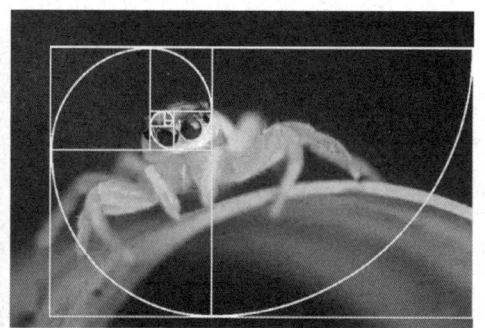

图 4.2.3 黄金分割在绘画、摄影中的应用

黄金分割还有另外一个应用,那就是用于解决最优化问题的"优选法",也被称为"0.618法"。优选法的应用范围相当广泛,我国数学家华罗庚在生产企业中推广其应用取得了成效。企业在新产品、新工艺研究以及仪表、设备调试等方面采用优选法,能以较少的实验次数迅速找到较优方案,在不增加设备、物资、人力和原材料的情况下,缩短工期,提高产量和质量,降低成本。

著名天文学家开普勒曾说:"毕达哥拉斯定理和中末比是几何中的双宝。前者好比黄金,后者堪称珠玉。"黄金分割在之后的千百年时间里被不断地运用在各个领域,成为几何学的一块重要宝藏。

## 穷竭法与割圆术的异同

欧多克斯的另一个重要贡献是他利用穷竭法来求复杂几何图形的面积和体积。他用一系列已知的基本图形不断逼近不规则图形,比如用圆内接正多边形逼近圆,用欧多克斯的话说就是这个多边形从圆的内部"穷竭"了圆的面积。

他利用这种方法证明了:两圆面积之比等于其半径平方之比;两球体积之比等于其半径的立方之比;等等。穷竭法是现代极限概念的几何先驱,同时也是微积分的核心方法,由此可见,我们说欧多克斯是仅次于阿基米德的数学家并不为过。

熟悉中国古代数学的读者可能很快就把"穷竭法"与刘徽的"割圆术"联系起来。确实,两者是很类似的,二者都是用于求曲边形的面积,一个来自西方,一个源于东方。穷竭法由欧多克斯大约于公元前400年提出,割圆术最早来源于约公元1世纪成书的《九章算术》中的"圆田术",经刘徽创造性研究后载入《九章算术注》中。两者都是以内接正多边形去逼近曲边形,所用方式都是逐步成倍地增加内接正多边形边数,刘徽与欧多克斯的出发点与推证思路不谋而合。

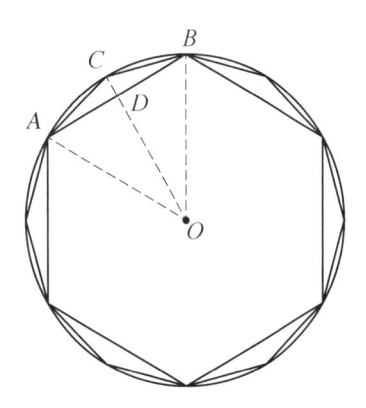

图 4.2.4 刘徽的割圆术

但两者也存在明显的数学思想差异。割圆术包含了深刻的极限思想,刘徽设计了一个无限分割的过程,而穷竭法虽然适用范围更广(不限于圆),但它始终是一个有限的过程。古希腊的穷竭法是没有涉及到无穷的概念的,即使最后给出了严谨的数学证明，也只是采用了繁琐的双归谬法（反证法）而不是取极限，可见不管是欧多克斯还是欧几里得都摆脱不了希腊人"对无限的恐惧"。

## "经纬度"与"同心球模型"

欧多克斯是天体运动学的创始人，最早创立球面天文学理论。在研究天文学的过程中，欧多克斯还尝试画星图，为此，他将天空按经度、纬度划分（这可以认为是解析几何的萌芽，与笛卡尔创立的坐标系类似），后来经纬度的概念被应用于地球表面。

欧多克斯时代，人们就发现有几颗不安分的星星和其他星星步调不一致，它们经常乱窜，希腊人称它们为"漫游者"，也就是我们所说的"行星"。行星的不安分体现在"留"和"逆行"上。行星每天在天球上旋转一周（周日视运动），也和太阳一样在黄道面上以一定的周期运动（周年视运动），但行星的运动不像恒星那样规律，它时快时慢，有时还会停滞不前，甚至倒退，前者就称为"留"，后者则叫做"逆行"。

希腊人坚信天界是不变的，行星的不安分不是什么神秘的征兆，而是有待揭示的现象。但这两个现象在当时静止的宇宙模型下很难解释。柏拉图在授课时提到了行星运动的不规则性问题，并鼓励学生构想各种模型来解释行星表面上的不规则运动，这就是所谓的"拯救现象"。柏拉图抛出这个问题后，马上就有不少学生构想出不同的解释方案，在这种情况下，欧多克斯提出了"同心球模型"。

欧多克斯接受其老师柏拉图的观点，认为行星在正圆轨道上匀速运行，但仔细观察后又不得不承认行星并不是在做匀速圆周运动。与柏拉图不同，他重视观测，天文观测为他的几何模型提供了实际根据。但为了"保全颜面"，他试图修改柏拉图的观点，使之符合实际观测情况。

他认为地球是宇宙的中心，其他天体都在同心的透明球体上绕地球转动，并吸收了巴比伦人的思想，把天上复杂的周期运动分解为若干简单周期运动：恒星都镶嵌在最外层的天球上，围绕通过地心的轴（类似地球自转的轴）每天旋转一周，并带动所有天体球层运动；日、月和行星的运动则用一套同心球的运动来表示，它们各自附在一层天球的表面上，各个天球也有一条旋转轴，该轴的两极固定在另一个外层球面上，即除了天球本身绕着旋转轴旋转外，它的旋转轴还会随外球的转动而转动。欧多克斯通过调整各球层转动轴的角度，以便对日、月和行星的运动作出同观测相符的解释。这一模型的实质是将某一曲线运动用一些匀速圆周运动的组合来加以表示,因此按照欧多克斯的构想,日、月各要 3 个球层,5 个行星各要 4 个球层,连同最外面的恒星天球一共要 27 个球层。这样把完美的规则性组合起来就得出所观察到的不完美的不规则性,用简单的理论模型就拟合出看似复杂无序的现象。这既保全了他自己的"颜面",也保全了柏拉图的"颜面"。

当然,同心球模型还有许多缺陷。首先,它所呈现的行星逆行的马蹄形轨迹是始终恒定的,但实际上每一次观测行星的逆行轨迹都不完全一样;其次,它只能提供一个粗糙的定性解释,实际的观测数据与之相差甚远;再者,它不能解释行星的亮度变化,这种变化可以用行星到地球的距离变化来解释,但同心球模型无法呈现距离的变化;最后,这种球层套球层的体系虽然可以解释当时观察到的天象,但随着天文观测精度的提高,为进一步与观测相符,这个同心球体系中的球层的数目需要不断增加,欧多克斯的学生卡里普斯后来还将球层总数增加到了 34 个,随着球层数目的增加,同心球层的组合运动越来越复杂,不但计算起来比较麻烦,同时也难以让人信服。

现在我们已经清楚,地球和其他行星一样都在绕太阳公转。行星在黄道面上的视运动取决于行星相对于地球的运动情况,它不仅受其本身公转的影响,还与地球的公转有关。当某个行星与地球比较接近的时候,如果它相对于地球的运动速度的方向正好与我们观测视线方向相同,这时行星看上去就滞留不动,如果它相对于地球的运动速度的方向与地球公转方向相反,从地球上看行星就发生逆行(见图4.2.5)。

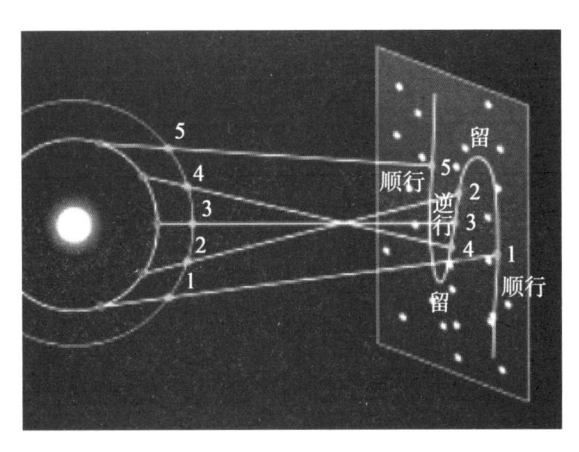

图 4.2.5　行星逆行现象

## 4.3 被地动仪"耽误"的天文学家

说到张衡，或许你马上想到的是地动仪，但你可知道，张衡还发明了浑天仪？张衡不仅是一位地理学家、发明家，还是一位天文学家、数学家。20世纪中国著名文学家、历史学家郭沫若对张衡的评价是："如此全面发展之人物，在世界史中亦所罕见，万祀千龄，令人景仰。"

张衡（公元78—139年）与司马相如、扬雄、班固并称汉赋四大家。由于他在天文学上贡献突出，国际天文学联合会将月球背面的一个环形山命名为"张衡环形山"，又将太阳系中的1802号小行星命名为"张衡星"。

图4.3.1 张衡

### 地动仪

据《后汉书·五行志》记载，自和帝永元四年（公元92年）到安帝延光四年（公元125年）的30多年间，共发生了26次大的地震，地震区有时大到几十个郡，导致地裂山崩、房屋倒塌、江河泛滥，造成了巨大的损失。张衡为了掌握全国地震动态，经过长年研究，终于在阳嘉元年（公元132年）发明了候风地动仪，这也是世界上第一架地震仪。

公元138年2月的一天，张衡研制的地动仪正对西方的龙嘴突然张开来，吐出了铜球。根据地动仪原理，这就是报告西部发生了地震。可是，那一天洛阳没有一点地震的迹象，人们也没有听说附近哪儿发生了地震。因此，大伙儿议论纷纷，都说张衡的地动仪是骗人的玩意儿，甚至有人说他有意造谣生事。过了几天，有人骑着快马向朝廷报告，离

图4.3.2 地动仪模型

洛阳一千多里的金城、陇西一带发生了大地震,山都崩塌了。大伙儿这才信服。

张衡的地动仪比西方国家用仪器记录地震的历史早 1 700 多年,但由于历史久远,张衡地动仪已经失传,没有留下实物与图样,只留下一些简略的、一百多字的文字记载。现在我们看到的地动仪其实都是现代人仿制的。

## 浑天仪

其实,张衡作为世界著名的天文学家,其最出色的成果都体现在天文学上。

中国古代对天体结构的解释有"盖天说",该学说主张天圆地方,但这与天象的实际情形差得很远。张衡在前人研究的基础上,根据自己的实际观察,发展了"浑天说"。他认为天体似鸡蛋,天大地小,地球像蛋中之黄,天之包地,就像蛋壳裹蛋黄。这与西方的地心说,尤其是欧多克斯的同心球模型类似。

"浑天说"中对宇宙起源也有一定说明,与《淮南子·天文训》中的思想相似。不过《淮南子》认为在气分清浊之后"清阳者薄靡而为天,重浊者凝滞而为地",即天上地下,这是盖天说,而张衡主张清气所成的天在外,浊气所成的地在内,这是浑天说。"浑天说"虽然还有许多不科学的成分,但比"盖天说"更进了一步。

由此我们还可以发现,张衡的宇宙模型虽然以地为中心,但其所代表的思想传统与古代西方所认为的宇宙结构亘古不变的思想传统大异其趣,却和现代宇宙演化学说的精神有些相通。

图 4.3.3　浑天仪模型

基于对天体的认识,张衡制作了一架"浑天仪",它类似于现在的天球仪。这台仪器用精铜铸成,主体是一个球体,代表天球。球体可以绕天轴转动,天轴和球面有两个交点,分别是北极与南极。在球的表面上列有二十八宿和其他恒星,球的外部还有赤道圈、黄道圈、二十四节气等。

为了使浑天仪能自行运动,张衡采用齿轮系把浑天仪和计时用的漏壶连接起来,用流水的力量发动齿轮,带动浑象运转。浑象转动时,天象便依次显示出来,这样,人们就可以从浑天仪上看到天体运行的情况了。为了便于他人使用,张衡还写了一部书《浑天仪图注》,为他所制的浑天仪写了详细的说明。

## 《灵宪》

张衡在天文学上的成就远不止于此,他集中国古代天文学之大成,完成了天文学著作《灵宪》。梁代刘昭因此赞颂张衡是"天文之妙,冠绝一代"。这是一部阐述天地日月星辰生成和运动的书,张衡在书中总结了当时的天文知识,并提出许多科学思想和独到见解。

张衡认为宇宙是无限的,天体的运行是有规律的。他还认为月光是日光的反射,月食起因于地遮日光,月绕地行且有升降。这是我国最早的有关日食、月食现象的科学解释。张衡也认识到行星运动的快慢与距离地球远近的关系,他发现了太阳运行的某些规律,并正确解释了冬季夜长、夏季夜短以及春分、秋分昼夜等时的现象。通过对某些天体运转情况的观测,他指出在中原可以见到的星星有 2 500 个,与今人所知也比较接近。书中的灵宪图是一张详细的星图,具体标明了大部分星星的位置。

除了以上这些有趣的结论,《灵宪》还对太阳系提出了许多相当有价值的见解:(1)日、月、五行星并非是在天球球壳上,它们是在天地之间运行,距地的远近各有不同;(2)这 7 个天体的运动速度也不同,离地近的运动速度快,离地远的运动速度慢;(3)按照五行星离地远近及其运行的快慢,书中将其分成两类,一类附于月,属阴,包括水星和金星,另一类附于日,属阳,包括火星、木星和土星;(4)用天的力量来说明行星的顺、留、逆、迟、速等运动变化现象,比如,"天道者贵顺也。近天则迟,远天则速。行则屈,屈则留回,留回则逆,逆则迟,迫于天也"。

现在看来,见解(1)基本上是正确的,虽然实际情况要比这种概括复杂得多,但张衡已经认识到星星的距离是不同的。见解(2)则与古希腊人的思想相近。不过,除了张衡,中国古代其他天文学者并没有对该观点或想法给予足够的重视。见解(3)对行星的分类正好是太阳系中内行星(运行轨道在地球公转轨道之内的行星)与外行星(运行轨道在地球公转轨道之外的行星)的分类。当然,现在我们知道,所有的行星,包括地球,都是绕太阳转的,而月亮则是绕地球公转的,所以,"附于月"的说法是错误的。见解(4)虽然说得非常含混难解,而且完全不正确,但它表明张衡试图寻求行星顺、留、逆、迟、速现象的力学原因,这种努力本身就值得在整个天文学史上大书一笔。清代天文学家王锡阐在《五星行度解》里也提到了类似的思想,并进一步提出天对日、月、五行星有一种类似磁石吸针的力量。王锡阐的思想更接近现代物理力学的观点。当然张衡和王锡阐对这个问题的见解都是不正确的,但追究这些天体运动中的力学原因无疑是一个正确的方向。而在张衡之后的1500多年里,西方还没有对这种力学原因进行探讨。许多伟大的西方天文学家都只是对日、月、五行星的运动作精细的运动学描述,却未想过解释其力学原因。

《后汉书》还提到,张衡曾写过一部《算罔论》。《九章算术·少广》第24题的刘徽注文中提到"张衡算"。从刘徽的这篇注文中可以知道,张衡给立方体定名为"质",给球体定名为"浑",这也解释了"浑天说"名字的含义。张衡研究过球的外切立方体的体积和内接立方体的体积,研究过球的体积,还曾得出圆周率值为10的开方,这个值比较粗略,但却是中国最早求出的π值。可见张衡的数学功底也是十分了得的,否则,那么精致的仪器设计,那么精细的天文观测,那么精密的逻辑推导,都是难以完成的。

## 4.4 一位精通数学和天文学的出家人

唐朝是世界公认的中国最强盛的朝代之一。历经21位皇帝(包括武则天),历时共289年。唐朝在文化、政治、经济、外交等方面都有辉煌的成就,那时的天文学、数学等学科也发展很快,出现了如袁天罡、李淳风、僧一行等著名的天文学家。这几位中,僧一行(公元673—727年)或许是最特殊的一位。

他是一位出家人,原名张遂,法号敬贤,号大慧禅师。一行自幼天资聪颖、刻苦好学、博览群书,青年时代到长安拜师求学,研究天文和数学,取得了一定的

图4.4.1 僧一行

成就。在当时人们的眼中,一行是一位高僧、占星师,唐人还恭敬地称呼他为"一公",但在我们现代人看来,他不仅是一位佛学家,还是一位天文学家、数学家。

## 初露锋芒

武则天登基之后,其侄子武三思身居显位,为沽名钓誉,到处拉拢文人名士以抬高自己。他听说一行相当了得,便几次欲与一行结交。但一行不愿与之为伍,愤然离京,东去嵩山当了和尚。

他出家之后仍然刻苦学习,听说浙江天台山有个和尚精通数学,就奔走数千里去求教。他后来还辗转来到湖北当阳云泉山,拜师学习天文学。

《旧唐书》就记载了这样一个故事:有一次,一行拜访一名叫做尹崇的道士,后向尹崇借阅扬雄编著的《太玄经》。过了几天,一行把《太玄经》还给了尹崇。尹崇客气地对一行说:"《太玄经》意旨深远,太过玄奥,我研究了数年,还不能通晓其中的奥义。一行法师您可以着力研究一下,不必急着归还。"没想到一行笑笑说道:"我已经彻底研究透彻了。"说完,拿出自己撰写的《大衍玄图》和《义决》等书,请尹崇查阅。尹崇查阅了一行撰写的书后,心中对他大为敬佩,说道:"一行法师您真是颜回(孔子最得意的门生)再世啊!"

《太玄经》是西汉学者扬雄的一部著作,阐述了作者对世界的认识,内容和体裁上与《周易》有相似之处。因其以老子道德经中的"玄之又玄"为核心概念,故书名取作《太玄经》。一行居然几天之内就读完了这样一部深奥的古书,还写了读书笔记,可见其禀赋过人。

## 发现恒星的运动及测量地球子午线

公元712年唐玄宗继位,重修国政,广招人才,得知一行精通天文和数学,就把他召到京都长安,做了朝庭的天文学顾问,唐玄宗常常去向他请教。他在宫中仍然很重视学习研究。

开元年间,唐玄宗下令让一行主持修订历法。在修订历法的实践中,为了测量日、月、星辰在其轨道上的位置进而掌握其运动规律,他与梁令瓒(唐朝画家、天文仪器制造家)共同制造了观测天象的"浑天铜仪"和"黄道游仪"。这两种仪器的发明,使我国天文仪器的制造技术大大提升。

其中,"浑天铜仪"是在汉代张衡的"浑天仪"的基础上制造的,上面刻有星宿,它靠水力运转,每昼夜运转一周,以此预测天象。仪器中央还装了两个木人,一个每刻敲鼓,一个每辰敲钟,其精密程度超过了张衡的"浑天仪"。用"黄道游仪"观测天象可以直接测量出日、月、星辰在轨道上的位置。

在一行以前,包括张衡在内的天文学家都认为恒星是不运动的。这一点与西方天文学家的观念是很相似的。但是,一行在用"浑天铜仪""黄道游仪"等仪器重新测定 150 多颗恒星的位置之后,

图 4.4.2　浑天铜仪

发现这些恒星的位置与古书留下的记录不同。由此,他得出由于岁差恒星在宇宙中的位置并非永恒不变。这在世界天文史上是一项很重要的发现,一行推翻了前人有关恒星不运动的结论,成为发现恒星运动的第一人。

在天文学的研究上一行成功地运用了数学方法,而且非常注意实地测量。他在掌握第一手材料的情况下开展研究,由此可以看出他是位重视实践的科学家。

公元 724 至 725 年,一行组织了全国 13 个地方的天文大地测量。其中以天文学家南宫说等人在河南的工作最为重要。一行从南宫说等人测量的数据中,得出了各地所观测的北极高度每相差 1 度,南北距离就相差 351 里 80 步(约为现在的 130 千米)[①]的结论。这个数据就是地球子午线上 1° 所对应的弧长,现在计算出的地球子午线上 1° 所对应的弧长约为 111 千米,二者相差不到 20 千米。这也是世界上首次用科学方法测出子午线的长度。一行以此推翻了古代"王畿千里,影差一寸"的不准确说法。在实测的基础上,一行还论证了地球是球形的,这在当时也是非常了不起的成就。

## 《大衍历法》

从公元 721 年至 727 年,一行在修正、完善前人历法的基础上编制完成了《大衍

---

[①] 不同朝代的度量衡有所不同,在唐代,1 里为 300 步,1 步为 5 尺,据载,唐代有大小两种尺,天文测量一般用小尺,小尺约为现在的 24.75 厘米,由此可得,351 里 80 步约为 130 千米,具体可参见 1976 年 12 月的《天文学报》第 17 卷第 12 期第 213 页。

第四章　数学天文是一家　115

历法》。历法于公元729年颁布,是唐代最精确的历法,也是当时世界上比较先进的历法。《大衍历法》很有条理,也合乎逻辑,在日食的计算上,首次考虑到全国不同地点的见食情况。

整部历法共分七篇:(1)计算平朔望(根据朔望月的平均日数而推算的每月的朔日和望日)和平气(将一年平均分为二十四等分而得到的节气);(2)计算七十二候(古代以五日为一候);(3)计算每天的太阳位置和运动;(4)计算每天的月亮位置和运动;(5)计算每天见到的天空星象和昼夜时刻;(6)预报日、月食;(7)计算五大行星的位置和运动。这部历法整理得很系统,自问世以来,历法家都是以它的格式来编写历法,直到西方历法传入中国后才有所变化。

一行修订的《大衍历法》是一部具有创新精神的历法,它继承了中国古代天文学的长处,对不足之处作了修正,也因此取得了巨大成就。其中最突出的贡献是它比较正确地掌握了太阳在黄道上的运动速度变化规律。自汉代以来,历代天文学家都认为太阳在黄道上运行的速度是均匀不变的,一行采用了不等间距二次内插法推算出每两个节气之间,黄经差相同但时间间隔不同。这种算法基本符合天文实际,在天文学上是一个巨大的进步。不仅如此,一行的《大衍历法》还应用内插法计算月球的运动速度等。这些都是建立在数学推算的基础上的,可见一行的数学功底相当深厚,并且非常善于应用数学解决问题。

一行在天文学上的成就,不仅在国内闻名,而且在世界上都有很大影响。日本曾派留学生吉备真备来中国学习天文学,回国时就带上了《大衍历法》。于是《大衍历法》在日本广泛流传起来,影响甚大。1964年11月9日,由南京紫金山天文台发现的"小行星1972",后被命名为"一行"(1972YiXing),以纪念一行在天文学方面的贡献。

## 4.5 古希腊天文学的集大成者

托勒密是古希腊天文学的集大成者,他的父母都是希腊人,但他出生在埃及。公元127年托勒密被送到埃及港口城市亚历山大求学,那里有当时世界上藏书最多的亚历山大图书馆,托勒密最终成为博古通今,上知天文、下知地理的学者,其天文思想对后世影响深远。

托勒密一生著有四部重要著作:《天文学大成》《占星四书》《地理学指南》和《光学》。托勒密本是世界科学史上极少数最伟大的人物之一,但在中国的境遇有点"委屈",一直被排挤在科学伟人的行列之外。下面我们通过《天文学大成》和《地理学指南》来了解他在天文、地理方面的思想。

图 4.5.1　托勒密

### 《天文学大成》

《天文学大成》(其他汉译名称有《至大论》《大综合论》等)共十三卷,它在天文学上的地位就如同欧几里得的《几何原本》在数学史上的地位一般,是希腊天文学和西方古典天文学的扛鼎之作。书中探讨了地球的球面性问题、地心学问题、测量学的三点问题、日月食理论以及恒星、行星问题等。

在《天文学大成》问世之后、牛顿之前,这一时期的所有伟大的西方天文学家,包括哥白尼、开普勒等,没有一个不是吮吸着《天文学大成》的乳汁成长起来的;期间所有重要的西方天文学著作,包括哥白尼的《天体运行论》,没有一部不是建立在《天文学大成》所奠定的基础之上的。

《天文学大成》继承了欧多克斯、希帕恰斯的古希腊数理天文学传统,并使之发扬光大。托勒密在书中运用了数学建模的思想,构造了完备的几何模型,以描述太阳、月亮、五大行星、全天恒星等天体的各种运动,并根据观测资料确定了模型中各种参数,最后再编算成各种天文表,由此可以推算出各种天体在任何给定的时刻的位置。

《天文学大成》第一、二卷主要讲述预备知识,包括地圆、地静、地在宇宙中心、地与宇宙尺度相比非常之小等,这也是托勒密地心说思想的核心。第三卷专门讨论太阳运动,托勒密用几何模型描述了一年中太阳在远地点运行最慢,而在近地点运行最快。第四、五卷主要讨论月球运动,不过内容上还是有颇多的错误。第六卷在第四、五卷基础上专论交食,实际上可视为他在前面各卷中所述日、月运动理论的检验和应用。第七、八卷讨论恒星,主要展示了一份恒星表,即著名的"托勒密星表",这是世界上最早的星表之一。"托勒密星表"共记录了 1 022 颗恒星,它们分属于 48 个星座。从第九卷起,该书转入对行星运动的研究,占了五卷的巨大篇幅。如果说前面各卷的内容或多或少都继承了希帕恰斯的遗产,那么这后五卷就是托勒密自己的创造了。后五卷中他运用几何模型,逐个处理五大行星的运动(包括逆行)。

托勒密在书中阐明了他所构造的地心宇宙体系,如图 4.5.2 所示。托勒密设想,各行星都在一个较小的圆周上运动,而每个圆的圆心在以地球为中心的圆周上运动。托勒密的宇宙模型较为完满地解释了当时观测到的行星运动情况,并在航海方面体现出实用价值,从而被人们广为信奉。这个体系从此成为欧洲和阿拉伯天文学的理论基础,沿用了一千余年。

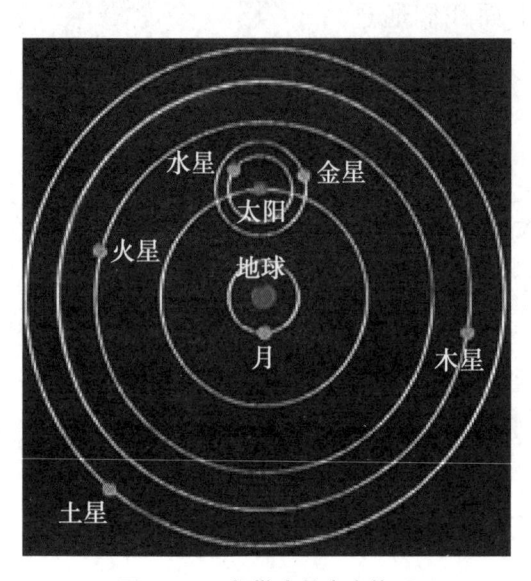

图 4.5.2 托勒密的宇宙体系

托勒密的学说使人们能够对自然现象作出定量的数学描述和可靠的预测。托勒密的天体模型之所以能够流传千年,是有它的优点和历史原因的。它的主要特点是:

(1) 围绕某一中心做匀速圆周运动,符合当时占主导地位的柏拉图假设,也符合亚里士多德的物理学,易被接受。

(2) 用几种圆周轨道的不同组合就能预言各行星的运动位置,而且与实际相差较小,相比以前的体系有所改进,还能解释行星的亮度变化。

(3) 地球不动的说法对当时的人们而言是比较符合常识,容易接受的,也符合基督教信仰。

在当时的历史条件下,托勒密提出的宇宙体系是具有进步意义的。首先,它肯定了大地是一个悬空着的没有支柱的球体。其次,从各种天体中区分出行星和日、月是离我们较近的一群天体,这是把太阳系从众星中识别出来的关键性一步。

## 《地理学指南》

托勒密的《地理学指南》（又被译为《地理学》）共八卷，一定程度上是以马里努斯（Marinus，公元 70—130 年）的工作为基础的。如果没有托勒密的《地理学指南》一书，马里努斯很可能会在历史上湮没无闻。这与希帕恰斯被后人铭记得益于托勒密的《天文学大成》极为相似。

地理学在古希腊已发展到相当程度，分为"地图学"和"地方志"两个主要方面。地图学包括绘制地图所需的几何投影方法、主要城市的经纬度测算等。地方志则记载地方、地理、古代世界、历史、人文等。到了托勒密生活的时代，世界性的罗马帝国大大增进了欧、亚、非三大洲各民族之间的了解和交流，无数军人、官吏、僧侣、商人、各色人等的见闻，扩充了地方志的内容。

托勒密明确将他所研究的内容与地方志区分开来，他在《地理学指南》中完全不涉及地方志。这种做法受到某些现代研究者的批评，认为他使地理描述内容变得贫乏，使地理学降级为地图编制学。但托勒密醉心于精密数理科学，对搜集光怪陆离的古代地方志缺乏兴趣。

托勒密认为，地理学的研究对象应为整个地球，主要研究其形状、大小、经纬度的测定以及地图投影的方法等。他制造了测量经纬度用的类似浑天仪的仪器（星盘）和后来驰名欧洲的角距测量仪。《地理学指南》全书八卷中有六卷都出现了用经纬度标明的地理位置表。托勒密充分地解释了怎样从数学上确定纬线和经线。从他的地图中我们可以知道，托勒密对世界情况的了解比他的前辈广博得多，当时人们只知道东面到印度的恒河为止，但是托勒密知道再往东还有马来半岛和"蚕丝之国"（中国）。

《地理学指南》第一卷为全书的理论基础。托勒密在这一卷中评述了马里努斯的一系列工作，并介绍他所认同的地理学体系。其中特别值得注意的是托勒密对地图绘制法的讨论，他不认同马里努斯所用的坐标体系，认为它对实际距离的扭曲太大，为此他提出两种地图投影方法。托勒密指出两种投影法各有利弊，第一种操作方便，但同实际情况有偏离，第二种能更好地反映实际情况，但操作使用起来不如第一种方便，因此他建议综合运用这两种方法。《地理学指南》中绘制的世界上最早的世界地图，就是采用第二种投影法绘制的。这两种地图投影法是地图投影学历史上的巨大进步，换句话说，托勒密为后人提供了世上最早的有数学依据的地图投影法。

托勒密在地理学上最大的贡献在于让人类对地球有了整体的认知，他对世界的勾画超越了当时各国绘制的地图，也影响了世界的航海活动，他也当之无愧地成为"世界地图之父"。

图 4.5.3 托勒密绘制的地图

现代学者的详细研究表明：哥伦布（Cristoforo Colombo，1452—1506 年）在开始他那改变人类历史的远航之前，至少曾细心阅读过 5 本书，其中之一就是托勒密的《地理学指南》，而其余 4 本都不是地理方面的著作，由此可知哥伦布的地理思想主要来自托勒密。哥伦布相信通过一条较短的海航线，就可以到达亚洲大陆的东海岸，结果在他设想的亚洲东岸位置上发现了美洲新大陆——尽管他本人直到去世时仍认为他发现的正是托勒密地图上所绘的亚洲大陆。

## 4.6 推翻地心说的天文学革命

哥白尼（Nikolaj Kopernik，1473—1543年）是文艺复兴时期波兰的一位天文学家，或许你还知道他曾经当过数学老师，但你可能不知道他学过医学，是一名医生，而且医术高明，甚至被誉为"神医"，他还攻读过法律和神学，是一名天主教的神父，在提出日心说之后获得了教会法博士学位。

在介绍哥白尼的科学思想之前，我们先来简单了解一下哥白尼的生平。1473年，哥白尼出生于波兰，有一个哥哥和两个姐姐。18岁时，他进入了克拉科夫的雅盖沃大学。24岁时，他又前往博洛尼亚大学学习教会法。在此期间，他还向当时著名的天文学教授诺瓦拉（Novara，1454—1540年）学习天文知识。1500年，哥白尼和他的兄弟一同来到罗马来度过"大赦年"，由于缺钱，他在罗马接受了一份数学讲师的工作，期间还做过一期天文学讲座，可能也就是在此时他涌起了建立新的天文学体系的冲动。在这之后，他在医学上取得一些成就，并成为海尔斯堡的"御医"，不久，他当上了阿伦施泰因教区城堡的管理者，还代理过弗隆堡当地的主教，再之后，他开始研究金融，一度成为普鲁士地区的金融顾问。回顾哥白尼这一生的经历与职业转换，他的天文研究反倒显得有些不务正业。

图 4.6.1  哥白尼

### 《天体运行论》

实际上，在当时的天文界中，哥白尼早已有一些名气。当时的教皇很早就经人介绍召见过哥白尼，主要就教会所使用的儒略历进行咨询他，并且询问改革历法的可能途径。哥白尼的建议是，当时的资料尚有不足，需要重新观测和积累。在此之后，教会一直在资助哥白尼进行观测活动。如今在弗隆堡、海尔斯堡以及阿伦施泰因等地，都保留了当年观测地的遗址。可以说，他的著作《天体运行论》中的很多数据和资料，都是在这期间收集的。

哥白尼早在大学读书期间就开始考虑地球的运转问题。那时，地心说已为神学家所利用并流传了 1 000 多年。地心说认为地球是静止不动地居于宇宙的中心，所有天体包括太阳在内，都围绕地球运转。哥白尼曾十分勤奋地钻研过托勒密的学说，他看出了托勒密的结论和科学方法之间的矛盾，既然前人有权虚构圆轮来解释星空的现象，那么他也有权尝试发现一种比圆轮更妥当的方法来解释天体的运行。

至此，哥白尼开始用实际观测的结果来揭露地心说和客观现象的矛盾。通过精密的计算，哥白尼从地心说中打开了一个缺口。1503 年哥白尼取得了教会法博士学位，这时哥白尼又努力研读古代典籍，以期为日心说寻求参考资料。许多古代学者的卓越见解虽然在当时被认为是离经叛道，但对哥白尼来说好似夜航中的灯塔，照亮了前进的方向。

后来哥白尼为他的日心说拟了一个提纲，其核心论点是："所有的天体都围绕太阳运转，太阳附近是宇宙的中心所在。地球也和其他行星一样绕着太阳运转，它一昼夜绕地轴自转一周，一年绕太阳公转一周"。哥白尼的这个提纲是庞大学说体系的轮廓，是哥白尼日心说的第一块基石，要在这基石上建立宏伟的大厦，他还需要做相当多的工作。

1516 年，波兰国内战事不断，在烽火连天的日子里，哥白尼开始撰写他的不朽之作《天体运行论》。1519 年，哥白尼辞去所有职务，专心著书，但很快战争就席卷到弗隆堡，他被迫中断了写作，和居民一起参加守卫城堡的战斗，直到 1525 年秋，才全力开展《天体运行论》的撰写工作。

这本书的第一卷介绍了宇宙的结构，哥白尼列举了许多观测实例，证明地球是球形的。这一卷是全书的精髓，因为它论述了日心说的核心问题，即地球的运动及其在宇宙中的位置。哥白尼阐述了相对运动的概念，提出日月星辰的运转是由地球本身自转所引起的视运动。他还基于长期的行星观测数据，排列出它们和地球绕太阳运转的轨道的顺序。书中展示了一张行星运行图（如图 4.6.2 所示），它标志着人类认识宇宙的一次飞跃。

这本书的第二卷论述了地球的三种运动（自转、公转和赤纬运动）所引起的一系

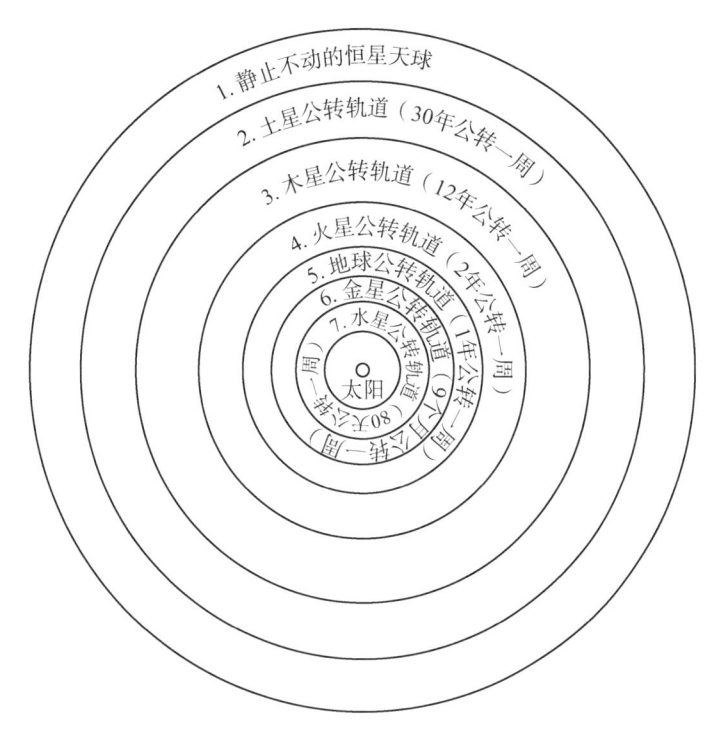

图 4.6.2 《天体运行论》中的天体运行图

列现象。哥白尼说:"地球虽是一个巨大的球体,但比起宇宙来却微不足道。"他尝试论证宇宙是无限的,他说:"根据这一论断,可见宇宙跟地球相比是无法测度的,它是一个无边无垠的庞然大物。"

哥白尼的日心说说推翻了在天文学上统治了 1 000 多年的地心说,这是天文学上的一次重大革命,《天体运行论》这部伟大的著作使人类的宇宙观发生了巨大变革。

不过哥白尼直到晚年才出版这本著作,到底是什么原因使得他迟迟没有付梓呢?

有人认为哥白尼遭到了某种人身威胁,以至于箴默不语。当时教皇为了巩固封建统治,唆使宗教裁判所烧掉了许多珍贵的科学著作,有时一天竟烧掉 20 大车书。1327 年,意大利的一位天文学家被活活烧死,他的"罪名"就是违背圣经的教义,论证地球呈球状。哥白尼曾亲眼目睹了宗教裁判所对异教徒的镇压。

也有人认为哥白尼本人并不踟蹰于公布自己的思想,他只是不喜欢和庸人打交道罢了。他确信自己的学说是正确的,但他担心由于传统偏见,读者难以接受。哥白尼在书里附了一封献给教皇的信,信上说:"数学著作是写给数学家们看的……这部著作对教廷会有贡献,它能使修订教廷历法的工作顺利进行……有那么一些饶舌的人,他们对数学一窍不通,又喜欢大发议论,并且引经据典地企图达到自己的目的——如果这样的人竟敢于压制和谴责我的学说,我对他们的态度就不外乎是,把他们的议论视同痴人说梦,加以摒弃……"《文艺复兴时期的人与自然》一书对这段话做了这样的解读:"在《天体运动论》中写给教皇看的序言里,他说他不愿意出版是因为害怕无知者的反对。天文学是一门数学家的学科,而不是普通群众的学科。"

真实的原因众说纷纭,我们目前仍不得而知。但我们知道的是,1543年,在哥白尼弥留之际,这部书才出版问世。据说,刚刚印好的书送到哥白尼面前时他只用颤抖的手抚摸了一下书的封面就与世长辞了。

## 日心说的影响

哥白尼学说的传播经历了无数艰难曲折。这个学说刚刚问世就受到教会的强烈攻击,当时信仰哥白尼学说的人寥寥无几。但也有许多年轻的学者,不顾教廷的迫害,信奉和宣传哥白尼的学说。开普勒、伽利略等都接受和发展了哥白尼的理论。

意大利的哲学家布鲁诺(Giordano Bruno,1548—1600年)也是哥白尼学说的忠实信奉者和宣传者。他曾先后到欧洲十几座著名的城市宣传哥白尼的理论,这使神学世界观遭到打击。教廷对他采取严厉的镇压手段。布鲁诺被宗教裁判所诱捕入狱,惨遭酷刑,被监禁达8年之久。1600年布鲁诺被教会活活烧死。他是因捍卫哥白尼的日心说而被烧死的科学战士。

在此后的漫长岁月里,哥白尼的著作一直被列为禁书。17世纪中叶后期,随着自然科学的日益发展,哥白尼学说的科学性才渐渐显露。特别是物理学家牛顿,他用万有引力的原理解释了行星的运行,为地球绕太阳公转提供了更有力的证明。科学家们进行了很多的实验,证明了地球的自转和公转,人类有关宇宙的现代观念逐渐形成。

在天文学史上,哥白尼是一位划时代的重要人物。他出身富商又受过系统的神学教育,但他没有被神权和传统观念所限,而是勇于进取和创新,把人类的宇宙观推进到一个新的阶段。这不是偶然的,而是与他的治学态度和研究方法有密切关系。他重视实践观测,尊重客观事实。当他认识到古典理论与观测事实严重不符时,他通过独立思考分析,依照客观实际来修正理论的谬误。哥白尼讲究工作方法,他并不是

图 4.6.3　哥白尼纪念碑

把一大堆观测材料堆积在一起,而是善于综合分析这些材料,去粗取精,去伪存真,从复杂的现象中找出可靠的规律。哥白尼进行科学研究的态度是谦虚而严谨的,对一些无法论证的事物,他从不轻易下结论。正是他严谨、实事求是的治学态度和精神风貌,使他的研究获得了巨大的成功。

哥白尼以他伟大的贡献和光辉的业绩受到全世界人民的尊敬。恩格斯(Friedrich Engels,1820—1895 年)说:"自然科学借以宣布其独立并且好像是重演路德焚烧教谕的革命行为,便是哥白尼那本不朽著作的出版。他用这本书来向自然事物方面的教会权威挑战,从此自然科学便开始从神学中解放出来……"

## 为何当时的人很难理解日心说?

作为现代人,我们很容易理解与我们的天文学常识更为接近的日心说,并且从这一角度出发,也很容易就去批判古代地心说的支持者,认为他们对日心说的批评都是出于愚昧和无知,甚至是恶意的阻挠。然而,现代人的这种"上帝视角"并不符合科学的实际发展路径,反倒让科学看起来是骤起骤伏的跳跃式发展,更不能帮助我们正确认识科学与宗教之间的复杂关系。

站在时代的大背景下,我们没法苛责当时支持地心说的学者,因为那时候他们没有太空火箭,没有卫星,甚至连一架天文望远镜都没有。他们所能凭借的,仅仅是肉眼所能观察到的星空,以及先人留下的权威学说。然而,我们也不能就此认为,地心说是一种纯粹的臆想,它实际上早就运用了一个极为重要的理性工具——数学。有了数学的助力,当时的地心说已经可以比较准确地预测行星的位置及日食、月食发生的时间,比较精确地计算一年、一月、一日的长度,等等。因此,我们可以认为,尽管以现代的标准来看地心说不是一门科学,但它在当时是一门理性的学科——基于眼见为实的观测资料,同时应用了数学,而且还能够比较好地解释自然现象。

可以说,亚里士多德构想了一个世界模型,托勒密则用数学对其进行精密的校正。因此,当时流行的天文学体系又被称为"亚里士多德-托勒密体系"。在这个体系中,地球处于宇宙的正中心并且自身不转动,而其他星体围绕着地球转动,它们自身并不转动。在哥白尼的学说中,太阳变成了宇宙的中心,但它不在正中心,而在稍微偏离正中心的位置,另外,月球围绕着地球转动,同时其他行星围绕太阳转动。

以上两种解释在当时的环境下,都是可以被人们理解的也基本符合观测结果。那么,哥白尼的学说究竟有哪些不可思议之处而令当时的学者们难以接受呢?

首先,哥白尼的学说挑战了亚里士多德的权威。亚里士多德的自然哲学学说认为,一个物体不能同时拥有两种运动——即便两种运动可以短暂地共存,但迟早有一种运动形态要终止。然而,在哥白尼的体系中,地球不但围绕着太阳转动(也就是我们现在所说的公转),同时自身还在转动(也就是我们现在所说的自转),而且无论哪种运动都没有停息的迹象。亚里士多德的学说认为"一种运动或者一个物体一定对应一种最终目的",地球有两种运动也就意味着地球自身具备了"双重目的",这是当时的人们不能接受的。

其次,哥白尼的"地-日体系"和"地-月体系"展现了两个中心,这不符合"经济的原则"。在当时的很多学者们看来,这样的假设不但丑陋,而且毫无必要,他们认为宇宙只需要一个中心。虽然其他理论中也出现了多个圆周运动的组合,但当时的人们还是更愿意相信,月亮与太阳的运动是类似的,都围绕着同一个中心。

再者,地球的公转运动带来了这样一个重大问题——恒星视差。何谓恒星视差?我们现在都知道,根据日心说和现代天文学体系,地球围绕太阳运转,这也就意味着如果我们从运动的地球上观测一个太阳以外的恒星,那么我们每晚观测到的恒星位置是不同的,也就是说相对于运动的地球上的观察者而言,恒星也是运动的。举个非常简单的例子:我们坐在一列运动的火车上,观察车外草原上的一只羊,那么我们会看到羊也是运动的,地球就好比我们所处的列车,车窗好比我们所能观测到的天空,羊就好比我们观测到的目标恒星。可是,当时的人们因其观测手段和条件所限并没有观测到恒星视差的存在,直到19世纪,德国的天文学家才首次观测到恒星视差。故而,在很长一段时间里,恒星视差都可以算是哥白尼学说的一个"软肋"。当然,在这期间日心说的支持者也提出了相应的解释:这是因为恒星离我们地球太过遥远了,以至于我们观测不到恒星视差。但是,这样的看法同样超出了当时人们对宇宙规模的认知,这意味着,宇宙本身可能不再局限于太阳附近,而是有着极为遥远的边界,甚至是无穷的。

  第四,地球的自转同样带来了一个与惯性有关的问题。我们从前文可知,在"亚里士多德-托勒密体系"中,地球是不转动的。在这样的观念下,人们无须回答诸如"为什么我跳起来,落下时仍然在原地?"这样的问题,因为在静止的地球上,人们还不需要用到"惯性"这样一个概念。在"亚里士多德-托勒密体系"中,人们可以接受地球是圆的,而物体凭借某种力依附于地表。不过,按照当时人们的理解,这种力并非源于地球本身的庞大质量,而是源于地表各物体本身的自然本性——沉重的东西自然而然地趋向于中心地位,轻盈的东西自然而然地趋向于宇宙的边缘。然而,如果地球自转,整个格局就起了变化。物体跃起之后,为何能够落回原地?即便不考虑引力的问题,在出现"惯性"这个概念之前,想要回答这个问题也是相当麻烦的。对此,哥白尼的回答则是:我们之所以跳起之后能够落回原地,乃是因为我们被地球上的空气所带动。然而,这样的回答并不能让当时的人们信服,因为这意味着人在跳起来的时候,需要强劲的气流推动才能跟上地球自转的步伐。然而实际上,我们跳起来的时候,没有感到任何强劲的气流。对这个问题的最终解释要归功于伽利略。对此,伽利略借用了一个比喻:假设我们都生活在一艘移动的大船上,我们无论如何跳起,总是落在自身跳起的那个位置,这不意味着我们没有移动,相反它表明我们已经随着大船一起移动了。

# 参考文献

[1] (俄)亚·别列里曼.趣味天文学[M].谢云才,主译.上海:上海科学技术文献出版社,2015:1—5,40,65—69,98—104.

[2] (美)P.安德鲁·卡拉姆,(美)本·P.斯坦恩.科学基础 行星运动[M].马晶,译.上海:上海科学技术文献出版社,2010.

[3] 邓可卉.希腊数理天文学溯源:托勒玫《至大论》比较研究[M].济南:山东教育出版社,2009.

[4] 曲安京,纪志刚,王荣彬.中国古代数理天文学探析[M].西安:西北大学出版社,1994.

[5] 张元东.星体与数学:中学数学在天文中的应用[M].北京:人民教育出版社,1984:23—28,53—61.

[6] 刘步林.数学在天文学中的运用[M].北京:科学出版社,1979:46—47,93—100,184—195.

[7] (加拿大)特伦斯·狄金森,艾伦·戴尔.天空的魔力:教你做自家后院里的天文学家[M].胡群群,林莉惠,任亚萍,译.长沙:湖南科学技术出版社,2013:68—69.

[8] 黄建伟.SSAA天文探索[M].广州:暨南大学出版社,2015.

[9] (荷)霍弗特·席林.天文大发现:宇宙的真相[M].李海宁,译.北京:人民邮电出版社,2013.

[10] (美)约翰·巴利,(美)波·瑞普斯.恒星与行星的诞生[M].萧耐园,译.长沙:湖南科学技术出版社,2009:121—123.

[11] (法)弗朗索瓦·弗雷森.30秒探索 天文学[M].崔向前,于兹志,译.北京:机械工业出版社,2015:38—60.

[12] (英)Jane A. Green.玩儿不够的天文:天文观测与探索[M].李鉴,霍志英,译.北京:人民邮电出版社,2016.

[13] 李广宇.天体测量和天体力学基础[M].北京:科学出版社,2015.

[14] (美)西蒙·纽康.通俗天文学 和宇宙的一场对话[M].金克木,译.北京:当代世界出版社,2006.

[15] (美)埃里克·蔡森,(美)史蒂夫·麦克米伦.今日天文 恒星:从诞生到死亡[M].高健,詹想,译.北京:机械工业出版社,2016.

[16] 李东明,金文敬,夏一飞,等.天体测量方法:历史、现状和未来[M].北京:中国科学技术出版社,2006.

[17] 赵铭.天体测量学导论[M].北京:中国科学技术出版社,2011.
[18] 卞毓麟.星星离我们多远[M].北京:科学普及出版社,1980.
[19] 赵籍丰,巩丽云,李想.中学课本中的数学家和天文学家[M].北京:中国轻工业出版社,2000.
[20] (日)竹内薰.图解宇宙与量子理论[M].宁凡,译.北京:人民邮电出版社,2017.
[21] (日)荒舩良孝.图解宇宙之谜100问[M].彭瑾,译.上海:上海交通大学出版社,2015.
[22] 张明昌.星星会说话[M].济南:山东画报出版社,2014:165—166.
[23] (英)Giles Sparrow.天文速览 即时掌握的200个天文学知识[M].孙正凡,译.北京:人民邮电出版社,2017.
[24] 刘勇,张红卫.玩不够探不完的天文——天文观测与探索[M].北京:中国华侨出版社,2013:80—81,52—55.
[25] (韩)郭泳稙.科学家讲的科学故事 哥白尼讲的日心说的故事[M].吴荣华,译.昆明:云南教育出版社,2012.
[26] (韩)郑玩相.科学家讲的科学故事 阿姆斯特朗讲的月球的故事[M].吴荣华,译.昆明:云南教育出版社,2012.
[27] 何贵恩.太阳系密码[M].北京:知识产权出版社,2018.
[28] (英)克里斯托弗·波特.我们人类的宇宙 138亿年的演化史诗[M].曹月,包慧琦,译.北京:中信出版社,2017.
[29] (英)帕特里克.摩尔,(英)皮特.劳伦斯.图解天文学 数字时代的观星和天文摄影指南[M].周详,译.北京:人民邮电出版社,2014:34—40.
[30] (韩)金忠燮.科学家讲的科学故事 默冬的讲月历的故事[M].吴荣华,译.昆明:云南教育出版社,2012:6—1,98—101.
[31] 谢清霞.数学令人如此着迷:数学与天文[M].北京:电子工业出版社,2014:92—95.
[32] 英国皇家格林尼治天文台,(英)拉德米拉·托帕洛维奇,(英)汤姆·谢尔斯.观星[M].谢懿,译.北京:北京科学出版社,2018:34.
[33] (美)霍华德·施耐德.国家地理 终极观星指南[M].李昀岱,译.北京:北京联合出版社,2017:26—27.
[34] (美)欧文·金格里奇.无人读过的书 哥白尼《天体运行论》追寻记[M].王今,徐国强,译.北京:生活·读书·新知三联书店,2017.